完全版 世界一寒い街に行ってきた

ベルホヤンスク旅行記

まえだなをこ

講談社

はじめに

この本は4つの場所に行った旅のお話です。寒い旅、ピカソの旅、おいしい旅、
15年ぶりの旅。好きなところから進んでください。
では、一緒に行こう！

2

3

本日はFly day！（フライデー）

✈ Departures ↗

Contents

No.	Destination	Gate
1	世界で一番寒い街に行ってきた：ベルホヤンスク旅行記	5
2	旅のらくが記ヨーロッパ：ピカソ美術館めぐり	35
3	おいしいマレー半島縦断	89
4	中国少数民族いまむかし：西江•元陽をめぐる旅	135

これは私が2003〜2019年の間に行った旅行記です。掲載された情報は当時のもので変更している可能性があります。実際に行かれる方は事前に調べてください。

えーとゲートナンバーは…

いつもの第3ターミナルね

耳が隠れる帽子

機内持ち込みサイズのキャリーカート

ゴアテックスの防寒ブーツ

冬のヨーロッパ

麻の長袖シャツ 乾きやすく軽い

Tシャツは薄さで選ぶ

もしかしてパジャマかもしれない…

雨季の東南アジア

世界で一番寒い街に行ってきた

ベルホヤンスク旅行記

ベルホヤンスクへの道

ベルホヤンスクって何？って人に説明しよう

北極圏

ベルホヤンスク

サハ共和国

ロシア

日本

ロシア連邦のサハ共和国にある極寒の街。
極寒とは地球上でもっとも寒い場所。冬はマイナス50度にもなるの。
マイナス67度を記録したこともあるわ。サハ共和国は永久凍土なの。

ぶるっ

えっ？ 氷の上に街があるの？

というより、土の中の水分が凍っている
のよー年中

プラス10度のある日の東京にてー

シャチョーは悩んでいた。
ベルホヤンスクに行くことにしたものの現地
旅行会社からメールの返事が来ないことにー

秘儀ストーカー大作戦だ！

よし、こうなったら…

ぐーぐる　ぐるぐる　　　　　カチッ

Google　Facebook Venkhoyansk

Facebook

ライフイベント

ー ベルホヤンスクへ引っ越しました。ー

って人の

「友人」全員にメールを送り付けるローラー作戦っ!

10年越しの想いを…

いたぞ!!

ハァハァ

ピロリーン

3日後

私がベルホヤンスクを
案内しましょう

ベルホヤンスク小中学校の
英語教師ガリーナ登場

キツネの
毛の帽子

キツネの
毛のコート

はじまり
はじまり

さて参加メンバーを紹介します

わたし

これ描いてる人

ダイナミックなウソ

家には油田の視
察って出てきた

投資家

寒い所
好きなの

10年前から行きた
かったさかいに

実業家

自分の会社

会社には出張
扱いでお願い
しますって言
ってきたー

CX'th

シャチョー

シャチョー兼
バイト
この旅の企画者

カメラマン

だれが
クズだ
このやろ

平日急な召集で来られる奴は社長かフリーランスか
ニートしかおらんということでこんなメンバー

みんな合わせて ベルホヤン乙

だれが
ニートだ!

7

行く前に一番不安だったのは服

結局フルセット現地で借りた

オール
Allガリーナの私物よ。

え!? 化繊だとバラバラ
になるの!?

参考文献『マイナス50℃の世界』
米原万里・著

っていうか日本でフルセット
そろえたら10万円超えるわ

マスク・中綿
＆ウールのマフラー

手袋はマイナス30度の雪
山を経験した山ノボラー
が愛用している『防寒テ
ムレス』っていう冷蔵庫
作業用のゴム手袋とウー
ルのインナー手袋をして
いったのだが…

日本で買った中綿の帽子
1500yen by Amazon。
出ているのは目の周りだけ。
ココは寒さをあまり感じない。
帽子をかぶっていないと必ず街
の人に呼び止められ、かぶるよう
に言われます。脳が凍るらしい。

3kgはある皮革のコート。
この下にカシミアセーター、
ヒートテック2枚。

防寒テムレス

イカすロゴ

湿気がこもって
そこから凍傷に
なるんだよ～

ロゴやばい

指先冷たい

あとください！

マイナス50度では足りず…
フェルトのミトンを借りた。
1枚であったかい　♡

スキーズボン。
厚手のスキーズボン。
（スノボ用はNGとのこと）
下にヒートテック2枚。

毛皮の靴底がフェルト。
歩いても摩擦で雪が溶けるほど
暖かくないので濡れない。

中にスノボ用
靴下1枚。

OH！
リアルヤクーチア

サハ共和国の大部分を占めるヤクート人
はモンゴロイドなので見た目は日本人と
近いのである。

危機感　ー行く前にー

ベルヤホンスク
ベルヤホンスク

人住んでるし
なんとかなるん
じゃないのー

※正しくは "ベルホヤンスク"

当日成田と間違えて
羽田に行きチケット
買いなおした人

行く直前に奥さんに
ドンキで防寒具を買っ
てきてもらった人

みんな危機感がなさすぎだろうっ！

と言ったシャチョーの用意した服は…

冷凍庫作業服!!

え一私のは
アウトドアメーカー
の高いやつだしー

てゆーかダサっ

名付けて蟹工船!!
上下セット15000円

ブッ

短時間用だから
向かないよ！

死ぬよ!!

暑いし
恥ずかしいが

体張った
ネタか！

機内預け荷物に入らんさかいに
空港で着込む作戦!!

9

日本からはソウル経由かウラジオストク経由でヤクーツクへ。
そこから国内線でバタガイへ。バタガイからベルホヤンスクまで車で2時間。
もちろんタクシーなぞないので、ガリーナ先生に迎えに来てもらうことに。

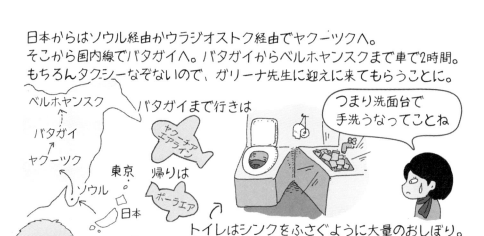

ベルホヤンスク
バタガイ
ヤクーツク
バタガイまで行きは
ヤクーチア
エアライン
東京
帰りは
ポーラエア
ソウル
日本

つまり洗面台で
手洗うなってことね

トイレはシンクをふさぐように大量のおしぼり。

akymua

機内は暖房が効かず寒いので、
乗客はもとより客室乗務員も毛
皮のコートを着たまま！こんな
客室乗務員見たことない！

窓が丸かったり機体は
結構クラッシックね

絵になるわ〜

今回取材兼ねてる

今乗っているアントノフ
24型、この機体は40年間
落ちてないんですよ

40年…って古！ この機体今乗って
るんだからそりゃ落ちてないよね。

行きは1973年4月19日
帰りは1972年5月26日
購入の機体です

え！私より
年上！こわっ

ま、落ちるまで
使うからね

つまりエコ

ロシア系航空会社勤務の友人

1時間遅れでバタガイ着！ 冬季は空港や機体が凍り遅れまくります。
寒い中、各自自力で荷物を運びます。

БАТАГАЙ
平屋の空港

ようこそ!!

空港でガリーナ先生に
ナイスチューミーチュー

バタガイからベルホヤンスクまで、2時間のドライブはまっしろ。冬は凍った川の上を走って近道できるので夏より1時間早く着く。

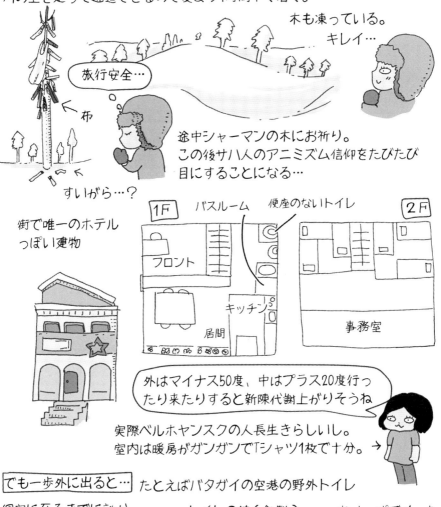

木も凍っている。
キレイ…

旅行安全…

← 布

すいがら…？

途中シャーマンの木にお祈り。
この後サハ人のアニミズム信仰をたびたび
目にすることになる…

街で唯一のホテル
っぽい建物

1F　バスルーム　便座のないトイレ　2F

フロント

キッチン

居間

事務室

外はマイナス50度、中はプラス20度行ったり来たりすると新陳代謝上がりそうね

実際ベルホヤンスクの人長生きらしいし。
室内は暖房がガンガンでTシャツ1枚で十分。→

でも一歩外に出ると…　たとえばバタガイの空港の野外トイレ

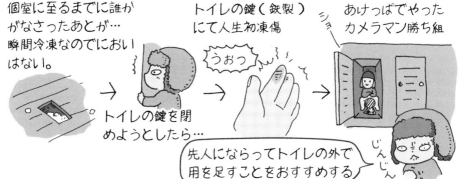

個室に至るまでに誰か
がなさったあとが…
瞬間冷凍なのでにおい
はない。

トイレの鍵（鉄製）
にて人生初凍傷

うおっ

あけっぱでやった
カメラマン勝ち組

トイレの鍵を閉
めようとしたら…

先人にならってトイレの外で
用を足すことをおすすめする

じんじん

息がかかるまつ毛や眉毛、髪の毛も凍る

私だけまつ毛短くて凍らなかった...

って言えない...

室内から野外に出ると…

ごふっ

温度差で咳きこむ。
※風邪ではない。
マイナス50度では風邪
菌も死ぬらしい。

街には数件の売店がある　レストランや飲み屋は存在しない。

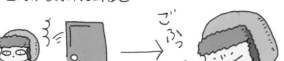

あっこからあっこまで
全部くれ

カード使えないよ

えっ

ホクホク

ルーブル持ってない…
ブラックカード無力の地。

店に置いてあるでっかい
そろばん。使われている
のは見たことない。

ウォッカ1本500円ですよ
お土産で大量に買います

日本だと1本2000円はしますよ…

しかしその後帰りのポーラエアが小型で
荷物預けるところがなくすべて没収…

アイスケースがマイナス20度、
外マイナス50度。矛盾を感じるわ

室内が暑いからアイス食べたくなるのよ。アイスは15円くらい。

ベルホヤンスクごはん

俺、馬主だから馬が
かわいそうでムリ…

ずんぐり むっくり

主食は馬！
どさんこボディ
のヤクート馬！

ハンバーグも馬!!

ゆでた馬肉

角が立ってるぅ ♡
馬の生レバー

パンにつけると最高！

今や日本で食べ
られなくなった
生のレバーが

バターと小麦粉
砂糖を練ったもの

ストロガリーナ
凍った魚を削ったも
の（つまりルイベ）

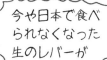

『マイナス50℃の世界』に『醤油と
ワサビが欲しかった』と書いてあっ
たので持ってく

ワサビ　しょうゆ　溶けると
ふつうに刺身

くだものジュース
何のくだものか不明

馬モツ
ソーセージ

馬モツスープ

馬主…

タラの燻製

ウォッカに
合うつまみ

キャベツと
人参の酢漬け

ミルクがゆ

水餃子
ただし具はやはり馬

デザートは甘くないアイス

ピロシキ

いつも山積み

ベルホヤンスクではふつう朝食、昼食、
夕食、夜食と1日に4回食事します。

魚のスープ

寒いとカロリー
消費するからね

この辺はロシア料理ね

ベルホヤンスクに水道管はない。

How to 水の作り方

川から氷を切り出し ぐっ ぐっ ます。

→ 煮ます → できあがり ♡

氷運んでもらうのが申し訳なくて
シャワー浴びれませんでした…

でも寒いから
くさくないと思う

ちなみにヤクーツクの水道管は…

ヤクーツクでは水道管は地上にあり、電熱
線を巻いてあります。地中に埋めると夏に
は土の表面が溶けて冬にはまた凍るので管
がゆがんで壊れちゃうからです

こんなのが街中にある
都会は違うわね。

永久凍土でも夏は表面はさすがに溶けるのね

マイナス50度を体験できる機会って
なかなかないので実験してみたよ！

どうなったか
当ててみてね

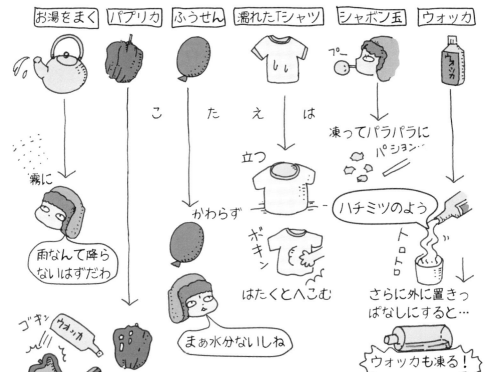

| お湯をまく | パプリカ | ふうせん | 濡れたTシャツ | シャボン玉 | ウォッカ |

こ た え は

霧に

雨なんて降ら
ないはずだわ

かわらず

立つ

ボキン

はたくとへこむ

凍ってパラパラに
パシャン…

ハチミツのよう
トロトロ

さらに外に置きっ
ぱなしにすると…

ウォッカも凍る！

飲めないっ！

まぁ水分ないしね

ゴキン ウォッカ

硬いパプリカ

14

誰でもできるアート教室 作品をいろいろ作ってみたよ

其の一 透明人間

1. 風船に濡らした包帯を巻きます。
2. 外に5分放置
3. 風船を割ります。

~~凍~~明人間のできあがり
　透　　　　凍明…？

凍った「Tシャツ」にのっけたりメガネをかけさせてもgoodね

其の二 空に立ち上るリンゴ

こーゆーの作りたかったの

不器用…

だが皮むくの下手…

皮の破片刺した

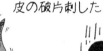

意味不明…

其の三 みかん星人

こういうの作りたかったけど

またしても皮むくの失敗…

あ

立たず…

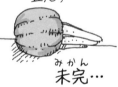

みかん
未完…

其の四 食品サンプル

カップ麺にお湯を入れて3分待ちます。

どんべい

食べます

ハ
ハ

うまい

少し残した麺を割り箸にからめ外に放置。

カップの中に雪を入れ凍った麺を刺します。

ドスッ

上から紅茶をふりかけてめんつゆのようにして

できあがり

この旅行はガリーナ先生がいなかったら成功しなかったといってもいい。

ガリーナ先生から渡された
のは分刻みのスケジュール

ひえぇ修学旅行

コート脱ぐと
オシャレな
ガリーナ先生

まず牧場へ　街の人が待っており儀式スタート

甘ずっぱ

馬乳酒で歓迎

我々より案内人の方が多い…

平たいパンと紅茶の葉、バターを大地（雪の上だけど）に捧げる

我々がよく食べているヤクート馬がいる

太い

測候所　誇らしげにかかげられている「-67.8℃」の記録。

1885年、1892年に観測された。

−67.8℃

ちなみに本日マイナス35度と暖かいです

さぁ！次は博物館よ！

きぃっ

これはサハの
伝統的な家で…

そっ

バタン

16

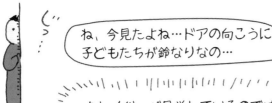

ね、今見たよね…ドアの向こうに子どもたちが鈴なりなの…

もしや我々が見学しているのではなく、我々が見学されているのでは一!!

年間10人〜15人しか来ない街ですし、日本人は歴代11人目でめずらしいんです

お化粧してくればよかった（かもしれない）

小屋の中にはぎっしりと子どもがつまっていて、サハ人に伝わる占いを見せてもらう

スリッパを投げてドアにつま先が向くとアンラッキー、かかとだとラッキー

スリッパ占い

おたまバージョンも

ラッキー　　　　アンラッキー

まるで下駄占いね

水盤占い

水盤の上に2本の藁（わら）を置き、くっついたら両想い 💗 離れたら片想い 💔

マジな子ども
↓

松の葉で似たようなことやったよね。
世界のつながりを感じるわ

お守りもらった!!

ヤクート馬の毛
↓

← ベルホヤンスクのシンボル

本当にヤクート馬大切に思ってるのがわかる。

2日目のアクティビティは街から15キロ離れた森へ

凍ったYANA（ヤナ）川の上を走ります。
冬の間は川も道となります。

道中、氷没しているジープが…

ベルホヤンスクではUAZ（ワズ）って
いう四駆しか走ってません
でした。寒さに強いの？

川が完全に凍る前に渡ろうと
するとこうなります…

全く車とすれちがうことはなかったが雪の上に車の通った新しい跡が…

この道はよく使われる
道なのですか？

冬はほとんど人は通らないわ。
サムワンウェイティングユー

やはり…

狩りの休憩小屋へ着くと

たくさんの先回りして待っててくれる人々（サムワン）

馬乳酒

馬乳酒はいつも3本脚の
入れ物に入っている

大地の精霊に
捧げる儀式

お祓い？ ヤクート
馬の毛のはたきで
体をなでられる。

サワ
サワ

ビョョーン
ビョーン
♪

こうきん
口琴

さらにワイル度の高いごちそうが

馬主…（略）

凍った馬のレバー

凍った馬の脂身

馬のゼリー

ピロシキ（具は馬）

ハンバーグ（馬）

ゆでた馬

滋賀出身

ゆでた魚

琵琶湖の味がする…

ストロガリーナ

サハ人もお気に入りの
持参のワサビ&醤油でいただく

バター、砂糖、小麦粉を
練ったハイカロリー
ペースト

貴重なビタミンね

夏の間に収穫して冷凍するのだ
ろう。凍ったベリー類。

いつものアイス

このアイスミルクと砂糖とベリ
ーを混ぜて外に放置するだけで
できるんだって

丘に登ったり…

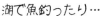

気温が低すぎて摩擦熱が出ないため全く雪は溶けず、踏み固められないため、発泡スチロールの粒の中を歩いているみたい…
ずるずるすべって登れない

歩きづらい…

湖で魚釣ったり…

手動ドリルで氷に穴をあける。氷の厚さ1メートル！
車がのってもびくともしないわけだ。

すぐに釣り糸に氷の粒が固まる。

釣り上げると…

みるみる凍る！

ビッ！

瞬間冷凍！

ところでシャチョーの冷凍庫作業服の威力はどうだったのか…

ー検証結果ー
冷凍庫作業服（別名蟹工船）がマイナス50度に耐えられるのかは不明だったが、シャチョーが異常に寒さに強いことがわかった。

って作業服着てない！！
いつも日本で着ているチノパンで氷の湖の上に立つシャチョー…
蟹工船は下だけ失くしたようだ…

マイナス50度にいるリアリティねえし！！

※絶対にマネしないでください。

ラストのメインイベントは学校訪問

ってまたサムワンが待っているんだろうねぇ…

二重扉を開けると…

寒いから重いドアが2枚ある

ビョーン ビョーン

サムワンじゃない! エブリワンだ!

え、牧場にいたシャーマン役の人校長先生だったの!?

え! 運転手さん学校のスタッフ?しかもでかい個室でえらい人?

まさかのリアルに学校総出!!

ユネスコ認定の近代的でキレイな学校。高校からは寮生活だって。

パソコン教室

歯医者も…

口琴の授業

ビョーン
ビョン

こういう授業があるところがユネスコ認定受けているゆえんだろうか…

ゲーム
手の甲に棒を乗せてそのうち1本だけをつかむ。すべて片手で行う。我々がやると人だかり。

体育の授業

ハードなハードル。両足をそろえて飛ぶ

体を支点にして体を回転させる

うわぁタコレベルの柔らかさ…

片足で立ち、片耳をつかんだ状態でコップを口でくわえる

レスリング

棒引き相撲

ロシア軍事大学出身のイケメン体育教師発見。ツーショット写真撮る

いずれも限られた室内のスペースで体を鍛えられるよう工夫されています。

氷運んだり力使うしね…

ミーハー→

22

お裁縫の授業もあり

もちろん男女共に

ミサンガ編み教室

ああっ全然できないっ

ヤクート馬の毛

我々が編めないことを見越して完成品を腕に巻いてくれたり…

とても年間外国人が10〜15人
しか来ないとは思えぬ

このシステム化された
手際の良さ、すごいわ

まるでムービースター

我々の見学の合間に生徒たちは
写真を撮りたがり…

というように都市部の学校みたいだけど

クロークに大量に生徒の分厚い
コートがかかっているのと

建物に足が生えているのが、
やはり寒い所なんだな…と

床が地面につくと室内の暖房で地表が溶けて建物がゆがむ。
それを回避するために高床式にする永久凍土ならではの建て方。

23

ダンス 地獄から人間界を通り天国まで行くダンスを熱演してくれる子

そうして最後は全校生徒が見守る中、ファンファーレと共にステージに
呼ばれベルホヤンスクに来た証明書と記念メダルをいただく。

そうして私たちのベルホヤンスクの旅は終わった

帰りのバタガイ空港で

記念メダル

ガリーナ先生、私とっても楽しかった。ベルホヤンスクの人たちどうしてあんなに親切なの?

それは自然が厳しいから助け合わないと生きていけないから…

なるほどぉ

ヤクート馬の毛 →

一番喜ばれたお土産はサハ共和国のヤクーツクについての記述&写真がある『シベリア追跡』椎名誠・著

シベリア追跡 椎名誠

おせんべいとか手ぬぐいはイマイチな反応

ホホホ

ふさ
ふさっ

これなんの毛? ヒグマ?

ガリーナ先生好き。大きくてふさふさして熊みたいで。

ポーラエア

また来る…と誓った5人

結論

「マイナス50度ってどんなだろ」という動機で参加したけど、ベルホヤンスクは独自の文化を持った寒いけど暖かい場所だった。

おまけ

どうして3人は荷物少ないのに

2人はあんなに多いの?

うーん旅慣れてないからなのかな
自分で荷物運ぶ系のは

きっといつもこんな人が
運んでくれたのだろう。

リッチ組

プワー、プワー、プワー、
リッチ、リッチ

キャハハ
クスクス

納得!

プワワク

大きなつづらと小さなつづら

なんだと思う

プワー組

26

精霊inサハ

儀式でパンとお茶とバターを地面に置いたけどあれは何のためだったの？

大地の精霊"Эбээ"(エベー)に捧げるためよ Эбээってつまり"おばあちゃん"って意味なの

おばあちゃんは食いしん坊なんだな

親しみ…

他にもたくさん精霊っているのよ

猟師の精霊
Байанай(バヤナイ)とか…

家と女性の精霊
Аан Алахчын Хотун(アーン・アラフチン・ホトゥン)とかね…

日本の八百万の神と似てる！
いろんなところに神さまがいるところが！

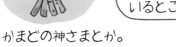かまどの神さまとか。

ガリーナ先生への質問状

何でも聞いて！

ガリーナ先生に当時疑問に思ったことや、あとから気になったことをいろいろ聞いてみました。

なをこ：ベルホヤンスクのモニュメントや、アクセサリーに角の形があしらわれていましたが、これは何の動物の角ですか。

ガリーナ：これはサハの伝説に登場する雄牛の角です。伝説によると寒さは巨大な雄牛といわれています。その生命力は角に集まっており、その角は冬には大きく強くなります。そして春になると雄牛は角を一本一本無くしていき、とうとう夏には死んでしまいます。

Полюс холода＝寒極と書かれている

なをこ：極寒の地で、冬が『生命力』というポジティブなイメージで、夏が『死』というネガティブなイメージなのが面白いですね。

ガリーナ：アクセサリーのモチーフや、モニュメントに使われている雄牛の角は、富と繁栄の象徴とされているんですよ。

なをこ：ところでツアープログラムがとても楽しかったんですけど、もし私の友達が行きたがったら同じ体験ができますか。

ガリーナ：もちろんです。旅行者は、学校に行ったり、狩りや魚釣りをしたり同じように楽しめます。でもあなたたちのツアーは特別なプログラムでした。たくさんの人々が参加したでしょう？

なをこ：たしかに、ご飯を作ってくれる人たちも毎日違ったし、儀式も毎回違った人が参加していました。街の人総出で参加してくれたんだなぁ。

ガリーナ：夏に来たらタイガの森でピクニックもできますよ。冬と全く違う景色が楽しめますし、夏の自然は本当にきれいです。川で魚がたくさん釣れますし、森の中は針葉樹、ハーブ、花の香りがしますし、鳥やクマ、ウサギ、キツ

ネなどの野生動物がいます。まぁ蚊も
多いんですけどね。

なをこ: 　蚊かぁ…。蚊の卵は冬の寒さ
を越えられるんだなぁ。そんな強い蚊
に刺されたらかゆそうですね。

ガリーナ：夏は6月から7月でとても短
いです。最高気温はプラス30度を超え
ます。そんな日は川に泳ぎに行ったり

冬は道になる川で泳ぐ子どもたち

日光浴をしますね。とはいえ北極海が近いから、6月でも雪が降ることもあり
ます。

なをこ：気温差100度っていうことですね。あのジープで通った凍った川で泳
ぐんですね！

ガリーナ：夏はヤクーツクでお祭りもあります。『太陽と会う儀式』『自然の
精霊と神からの祝福』『馬乳酒を飲む儀式』といったサハに古くから伝わる儀
式や、みんなで輪になって踊るダンス、野外スポーツや馬のレースも行われま
す。旅行者も楽しめると思うのでぜひ夏にも遊びに来てください！

なをこ：馬乳酒の儀式はベルホヤンスクでも何回かありましたね。お酒が苦手
な私でも飲めました。

ガリーナ：アルコール度が低い発酵酒ですからね。一番古い作り方は馬の腱を
使いますね。

なをこ：また飲みたいな。次はぜひ夏にも行ってみたいです！

冬と夏の気温差は100度！

というわけで誰でもで
きる馬乳酒の作り方教
室は次ページで！

おいしい馬乳酒の作り方

サハ料理教室
はじまりまーす

材料
- 新鮮な馬乳 好きなだけ
- 乾燥した馬の腱 適量
- 砂糖 適量

馬乳と腱をホーロー
鍋に入れます。

暖かい部屋に
2〜3日おく

発酵中

ときどきかき混ぜる

おいしくなぁれ
おいしくなぁれ

3日後…
発酵してきたら
砂糖を加えて混
ぜる

ボサッ

よく冷やす

できあがり ♥

甘くてすっぱい
健康飲料

もっと簡単な作り方

ケフィア KEFIR ＋ 水2リットル ＋ コンデンス
ミルク1缶 Condensed milk

まぜる

泡が立って
きたら…

馬の腱を
加え

暖かい所へ

水で薄めて飲んでね！

こっちなら私にもできそう

30

他の乗客から、あ――ってため息が一斉に…
そして成田空港のカウンターで2時間後のチケットを買いなおした。
＋11,000円で済んだのは奇跡…

世界で一番寒い街に行ってきて

これは2016年2月にベルホヤンスクに行ってきたときのお話です。
それまでベルホヤンスクという名前を聞いたこともなく、日本にはベルホヤンスクのガイドブックもなく、服装は何が必要なのかさえわからず、雪山登山の服を参考にすればいいのか悩んだり、空港で誰も迎えが来なかったら凍死する！　と妄想したり、ともかくベルホヤンスクの情報が少なすぎて不安でいっぱいでした。

当初旅行会社を使おうとしましたが返事が来ず、旅自体が頓挫しそうになりました。しかしこのネット時代、フェイスブックを通じてガリーナ先生と出会うことができ、結果素晴らしい旅行となりました。
行く前は、寒さの体感や実験などマイナス50度の地ということばかりに着目していましたが、サハ文化の独自の伝統や、寒いなかで工夫して生きる人々の暮らし、驚くほど近代的な学校施設など実際行ってみると、ベルホヤンスクはもっともっと興味深い場所でした。

「フェイスブックでベルホヤンスクへ引っ越した記録がある人を探すと思いつくまでが難しく、それからは簡単。スケジュール表（34ページ）を見てわかる通り、すべて決まっているツアーです。その上、帽子をかぶっていないだけで街の人が走ってきて注意されるほど、野外は寒くて危険なので単独行動はできず、常に団体行動になるため、ある意味初心者向けの旅行ともいえるかもしれません。

ベルホヤンスクに行きたければガリーナ先生に連絡して旅行を予約し、余裕をもって乗り継ぎ飛行機を取り（遅延が当たり前のため）自分の持っている最大限暖かい服を着込み、バタガイ空港に迎えに来てもらってその場で服をフルセット借りる。注意することは、ウォッカが安いからといって買い込まないこと。小型飛行機のため荷物を預けるところがなくすべて没収されてしまいます。学校に見学に行くときは中に涼しい服を着ていくこと。学校の中はとても暖かく、みんな半袖で、しかもおしゃれ。分厚いフリースを着込

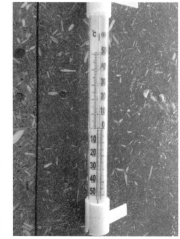

マイナス50度を下回ると休校になる

んだ私たちはものすごく暑く、その上ダサい格好で壇上に上がって恥ずかしかったです。

民泊も打診されていたんですが、全員一緒がいいかなと思い今回ホテル泊にしてしまいました。民泊のほうがもしかしたら快適かもしれないし、人々の暮らしが見えるので楽しいかもしれない。いつか夏のベルホヤンスクにも行ってみたいなぁ、ってことで夏の写真をガリーナ先生に送ってもらいました。その一部をガリーナ先生への質問状（29ページ）に載せています。

ではよい旅を！

サハ人の主食ヤクート馬

夕方のベルホヤンスクの街

ストロガリーナ、馬の生の赤身と脂肪の冷凍したもの、木の実、アイス

ベルホヤンスク旅行スケジュール&料金

1日目
10:00	バタガイ空港出迎え
10:10	バタガイ発
12:10	ベルホヤンスク到着
12:30	昼食
13:30	ベルホヤンスク市内ツアー
14:00	測候所見学
15:00	牧場見学
16:00	博物館見学
18:00	ヤクート人家庭で夕食
19:30	夕方のベルホヤンスク市内散策
20:00	フリータイム
21:00	夜食

3日目
09:30	朝食
10:00	フリータイム
12:30	学校訪問
13:00	学校でランチ
13:30	学校ガイドツアー
17:00	フリータイム
21:00	夜食

4日目
07:00	朝食
07:30	バタガイ空港へ
10:30	ヤクーツクへ

2日目
09:00	朝食
09:30	郊外へ。昼食付き
17:00	夕食
17:30	フリータイム
21:00	夜食

合計金額 3泊4日1人 400 USD (30000RB)
1USD=75 RB (2016年当時)

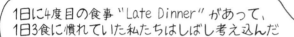

1日に4度目の食事 "Late Dinner" があって、
1日3食に慣れていた私たちはしばし考え込んだ

※作品中では『ベルホヤンスクツアーはガリーナ先生に連絡をして、予約を
取る』としていますが、現在(2020年)は連絡が取れなくなっており、不確実
です。ベルホヤンスク旅行に興味のある方は取り扱いのある旅行代理店など
に、各自問い合わせして下さい。

旅のらくが記
ヨーロッパ
ピカソ美術館めぐり

そもそものはじまり

カタール航空とレイルヨーロッパのモニター企画に選ばれた！
私の応募した『ピカソ美術館めぐり』が1000人中10人の中に入ったらしい。
カタール航空のヨーロッパ往復航空券とユーレイルパスをもらえるんだって。

でも実は中国に行くつもりだった。両方行くか…でもせっかくの機会、この旅行を薄くしたくない。中国は今じゃなくていい。というわけで、中国行きのチケットを捨てて、ヨーロッパへ！『ピカソ美術館めぐり』をテーマに寄り道したり脱線しながらこの旅は進みます！

ユーレイルパスって何？

ヨーロッパの鉄道乗り放題チケット。わたしのは一等列車に28ヵ国（2017年当時。2020年現在は33ヵ国）乗れるグローバルパス。他にも1ヵ国だけのパスとかいろいろ種類がある。

車窓が気に入ったら途中下車しても追加料金ナシなので、フットワークが軽くなる。予定になかった街で途中下車してみたり…

レイルヨーロッパジャパン www.raileurope.jp

36

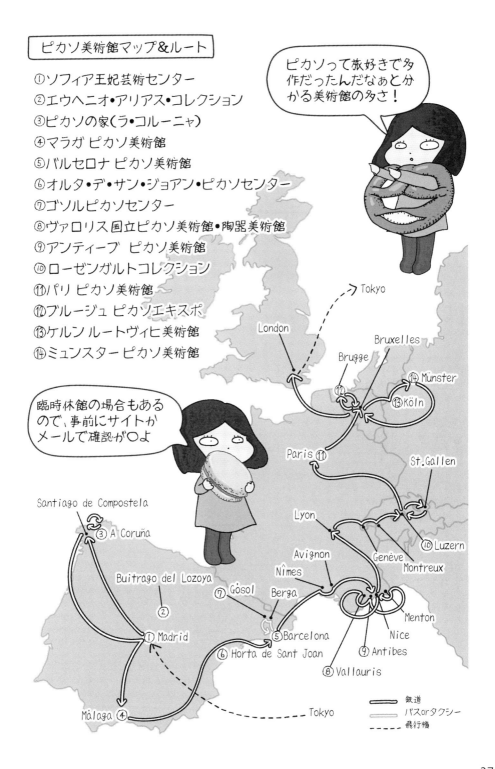

QATAR
AIRWAYS

カタール航空で行ってきます！

まずは、ドーハ乗り継ぎでマドリードへ！

アメニティのなかみ

歯ブラシ
セット

アイマスク

靴下

耳栓

朝食メニュー

鮭のおかゆ
オレンジジュース
ヨーグルト
パン
フルーツ

機内食はつい和食を選んでしまう。1ヵ月間食べられないから！

飛行機、それは巨大なドミトリー

飛行機のアメニティの陸での使い方

その一

ホステルのドミトリーではアイマスクと耳栓が大活躍。

電気がついていても誰かのいびきがうるさくてもぐっすり。ヨーロッパの乾燥から目の周りも保護

その二

アイマスクを顔を洗うときのヘアバンドとして使う。

だって荷物少しでも減らしたいじゃん

その三　家用靴下として in Japan

しめつけ感がなくていいのよ～

そして古くなったら旅行用の使い捨て靴下として使う！
カタール航空 qatarairways.com

マドリードに到着。まずは初日の宿

深夜、早朝出発の時は、駅から近い宿を選びたい。明日は朝から移動なのでここ。レンフェのアトーチャ駅から徒歩20分、メトロのアントン・マルティン駅からもすぐ。

Far Home Atocha

✉ Calle de Atocha 45, Madrid, Spain

大きい窓からアトーチャ通りが見える

2段ベッドの上
2m! 高い! 立てる!

ソファーふかふか！
共有スペースの居心地
もよい

6人ドミ
€17.85

マドリードの常宿
はここに決まり

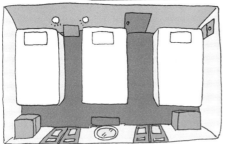

シャワーが個室に2つあるけど
同時に浴びる人いるのかな…。

3人ドミ€15.8

入場無料のため
寒いなか並ぶ

ソフィア王妃芸術センター ピカソ美術館 ①

ピカソの代表作『ゲルニカ』がある。他にもピカソ数点を所蔵。プラド美術館とティッセン・ボルネミッサ美術館に行くなら、1回ずつ入場できるパセオ・デル・アルテ(€30,40)がお得。

✉ Calle Santa Isabel 52, Madrid, Spain 🔗 www.museoreinasofia.es
OPEN 月,水〜日:10:00〜21:00(日は13:30〜一部閉館) CLOSE 火、1/1、1/6、5/1、5/15、11/9、12/24、12/25、12/31
€10 FREE 月,水〜土:19:00〜21:00、日13:30〜19:00、終日:4/18、5/18、10/12、12/6

 で何を食べる?

出発前

San Ginés(サンヒネス)でチュロスとホット
チョコレート食べるんだー

ハン!それは観光客用さ!
マドリードに住んでたけど
僕は知らなかったしね!

旅の直前に知り合った
スペイン人ダビット

観光客用のスペイン、地元の人しか行かな
い本物のスペイン、どっちが知りたい?

そういうわけで、マドリードっ子の
おすすめの店に行ってきたよ

 Lâmiak(ラミャック)

タパス1個 €2

パイナップル、
チキンのミンチ、
チーズ、生ハム、

本物のスペイン人しか来ないおか
げでメニューが読めないけどね。
でもケースを指差せばOK!

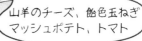

ブルーチーズ、
ズッキーニ、ナス

山羊のチーズ、飴色玉ねぎ
マッシュポテト、トマト

おいしくて2回行った!

⊠Calle de la Rosa 10, Madrid

Pez Tortilla(ペストルティージャ)

うめえええ

ジャガイモにしっかり火は
通ってるけど卵はとろとろ!
店は地元の若者で超満員!

⊠Calle del Pez 36, Madrid

でも来てしまう San Ginés。

だって私観光客だしー

⊠ Pasadizo de San Ginés 5, Madrid

41

スーパー見かけたらつい入っちゃう。節約できるし、
見たことないものがたくさん！

うまい！ ♡

ア・コルーニャに行く前に
フライングで食べてしまった

ガリシア風イカの缶詰

UDONって書いてある
けど具なしラーメン

すっぱ

カップ焼きそば

ムール貝の缶詰

スペインのお菓子は
だいたいおいしい！

パプリカ巨大！
おいしい！ 安い！

生ハムは専門店の
ほうがおいしいけ
どスーパーは安い

子どもの頃の夢のよ
うなみかんしぼり器

€1生ハム。
イベリコ豚のは高い

※手が小さいわけではない

城壁と川に囲まれた
街で散歩も楽しい

エウヘニオ・アリアス・コレクション ピカソ美術館②

ピカソの専属理髪師アリアス氏がピカソから贈ら
れた作品を寄贈してできたマドリード郊外の小さ
な美術館。作品は20〜30点。程。画集にラフ描きをし
たものや陶器などバラエティに富んでいる。

✉ Plaza de Picasso 1, Buitrago del Lozoya, Madrid, Spain URL www.madrid.org/museopicasso
OPEN 火〜金:11:00〜13:45、16:00〜18:00、土:10:00〜14:00、16:00〜19:00、日、祝:10:00〜14:00
CLOSE 月、1/1、1/6、12/24、12/25、12/31、イースター・サンデーとマドリード州の休日 無料

ヨーロッパ列車イケメンコレクション

ヨーロッパにはかっこいい電車がたくさん。

ロンドンに着くと写真係の駅員さんがスタンバイしてツーショット撮ってくれる

ユーロスター
Eurostar

外身も中身も真っ赤！

タリス
Thalys

テーブルが地図になっててかわいい

フォアアルペン・エクスプレス
Voralpen Express

鉄成分上がる!!

ホタテごり押しの街

この旅初めてのユーレイルパスを使い、サンティアゴ・デ・コンポステーラへ。街中がホタテであふれていた。ここは巡礼のゴールの街。ホタテは聖ヤコブのホタテといい、巡礼のシンボル。ついホタテ探しをしてしまう。

民家のホタテ柵

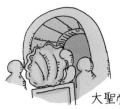

大聖堂のホタテ
かざり

ホタテ
キャンディー

ホタテビスケット
€1.85

ホタテ
アクセサリー

ホタテチョコ

ホタテは入ってなさそう…

いかん、イルミネーションまでホタテに見えてきた

帰国後、シェル石油
の看板を見て発見！
と思ってしまう体に…

ピカソの家（ラ・コルーニャ） ピカソ美術館③

1891年～1895年少年時代のピカソが住んだ家。この
時代の作品の多くはバルセロナのピカソ美術館が所
蔵しており、展示はエッチングが少数。
1階のアートショップでピカソグッズも買える。

玄関チャイムを鳴
らして入れてもら
う、お宅訪問感

✉ Calle Payo Gómez 14, Bajo, A Coruña, Spain [URL] facebook.com/casadepablo
OPEN 火～土:11:00～13:30、18:00～20:00、日祝:12:00～14:00
CLOSE 月 💶 無料

おっぱいチーズとは　　日本にて

いろんな国のチーズ食べたい。サンティアゴ・デ・コンポステーラではケソ・ティティージョってのが食べたい

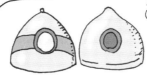

知ってる？ティティージョって「おっぱい」って意味だよ。ケソがチーズでティティージョがおっぱい

ケソ・ティティージョ
Queso Tetilla

€7くらい

えっ、すごいね

まーどこも同じだよ。日本にも「まりもっこり」とかあるでしょ

日本文化に精通しすぎぃ…結局一人旅には巨乳過ぎて買えず…旅の始まりで持ち歩きたくない！！

サンティアゴ・デ・コンポステーラの宿

宿にいる皆さんは巡礼者。汗のにおいと、大きないびき… 耳栓が役立つ。

Albergue O Fogar de Teodomiro

✉ Plaza de Algalia de Arriba 3, Santiago de Compostela, Spain

4人ドミ€12　安

シーツは使い捨ての紙製

試着のとき頭にかぶるあれと同じ素材。それだけ皆さん長旅で汚れてるってことでしょうか

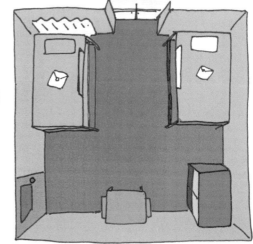

はじめて見た！

マラガの旧市街にある素敵宿

サンティアゴからマドリードに戻り、3時間弱。さらに高速鉄道に乗り3時間でマラガへ。マラガは風が暖かい地中海沿いの街。明日はバルセロナへ行くので1泊のみ。

アルカサビリア通りに面した大きな窓

旧市街にある素敵宿

天井が高く部屋も広々。バス乗り場のそば。快適な宿だと長居したくなる

Alcazaba Premium Hostel
広々とした10人ドミ €15
✉ Calle Alcazabilla 12, Málaga, Spain

違う階に共有スペースあり

ピカソTシャツも買えるのでピカソになりきれるよ

マラガ ピカソ美術館 ピカソ美術館④

宮殿を改装した美術館。ピカソの少年時代から晩年までの各年代素晴らしい作品がそろっている。伝記のようなオーディオガイドはピカソの人生をなぞれる。近くにはピカソの生家もあるので併せて行ってみては…

✉ Palacio de Buenavista Calle San Agustin 8, Málaga, Spain [URL] www.museopicassomalaga.org
[OPEN] 3～6月、9～10月：10:00～19:00、7～8月：10:00～20:00、11～2月：10:00～18:00（12/24、12/31、1/5は
10:00～18:00）[CLOSE] 1/1、1/6、12/25 [💶] €8 [FREE] 日曜の閉館2時間前～、2/28、5/18、9/27

マラガの人気バル Casa Lola（カサローラ）

お店は開店と同時に満席。ピンチョスは€2〜3.5。
4個もたのめば、おなかいっぱい！ 小学生も友達
同士で来てたり。バルは大人だけのものじゃない！

Casa Lola
Calle Granada 46,
Málaga

おいしくって
昼も夜も行った

何これ！
すごくおいしい！

カニカマが
入ってるのが
御愛嬌

海鮮サラダ

イベリコ豚の
ハンバーガー

ロシアンサラダ
要はポテトサラダ

ランチタイムにこれ
1個ですます人も

揚げたてポテトにオレン
ジ色のソースがたっぷり

間違いない

美味

ウズラの卵と
イベリコ生ハム

揚げエビ

イベリコステーキ
パルメザンチーズのせ

バルセロナの宿いろいろ

ホステルは個性的なのも多い。いろいろな宿に泊まるのも旅の楽しみのひとつ。明日はバルセロナを拠点にして郊外の村へ小旅行。数日だったら大抵ホステルは荷物を預かってくれる。身軽にしてGO！

Free Hostels Barcelona

✉ Londres 20, Barcelona, Spain
4人ドミ €30
朝食付き

いい宿！

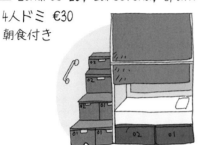

小物入れ兼ベッドの上段へ行く階段。ベッドの下には鍵がかかる荷物入れ。コンパクトな部屋を最大限に工夫してある

真夜中に同室の人たちがおしゃべり…。ドミのデメリット。年越しだからまーいいかな…

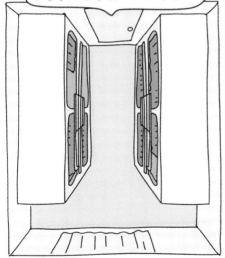

Dream Cube Hostel

✉ Avinguda de Sarrià 67, Barcelona, Spain
4人ドミ €36　簡単な朝食付き

普段の2倍！年越しの宿は高い！

大勢がカタルーニャ広場に集まって鐘の音に合わせて12粒のブドウを食べるんだって！　次の日、ぶどうの皮を探しイベントの形跡を探す。

ない…

48

クラッシックな建物をモダンに改築。

Rodamón
Barcelona Hostel

✉ Còrsega,302,Pral2,Barcelona, Spain

キッチンもあるから自炊できるよ。スペインの野菜はおいしい！

6人ドミ
€27.90

共有スペースがすてき

こんな2段ベッド。各ベッドに明かりとコンセント。カーテンの有無って重要

ピカソが通ったカフェを再現したクワトロガッツで当時の雰囲気に浸る！

バルセロナ ピカソ美術館 ピカソ美術館⑤

14世紀の貴族の館アギラール邸を改装した美術館。58点の『ラスメニーナス』を展示した部屋は圧巻！ ミュージアムショップも充実。無料日のネット予約も可能。カテドラル広場のピカソの壁画もお忘れなく！

✉ Carrer Montcada 15〜23, Barcelona, Spain　URL www.museupicasso.bcn.cat
OPEN 火〜日:09:00-19:00、木:09:00-21:30　CLOSE 月、1/1、5/1、6/24、12/25
€12　FREE 毎月第1日曜は終日、木:18:00〜21:30、2/12、5/18、9/24

バルセロナの胃袋 ボケリア！

街の市場はなるべく行く！ ご飯から
デザートまで何でも食べられる市場！

こんなのあった
ら毎日通う！

イチゴとココナ
ッツのジュース

旅行で不足しがちな
ビタミンを補給！

食べ歩き用サラミ
切り落とし€3

量を考えると食べ歩き用より
ブロックがお得。でも今食べ
たいから切り落とし買う

カラフルサラミ
セット！

具だくさん
魚介パエリア

€10

パエリアって
こんなおいし
かったんだー

タコに塩とオリーブ
オイルかけただけ

€4.5

なんでこんなに
柔らかいのぉー

洗濯機に入れて回して軟
かくしていると聞いた

バルセロナの胃袋の正面に
エロティックミュージアム
がある。2つの欲が対面し
ている様はシュール

EROTIC
MUSEUM

3年前も見たこの女性
入れ替わってるんだろ
うなぁ…

かつらとサングラスで
同じ人になる

ときどき下から風が吹
いてスカートがまくれ
上りパンツが見える仕
掛け

ある日のできごと

フリース手で洗濯すると絞りにくい…奮発して洗濯機使おう

洗濯機使用料€3＋
洗剤ジェル€1

高いよ～つるん

ん？ 脱水されてる！ もう乾いてるし、あったかい。まるで乾燥機かけたみたいな…

1時間後―

そう…まるで乾燥機かけたみたいな…

洗濯機

乾燥機

そしてもう一度€3洗濯機のほうに入れました。順番が違うだけでなんでこんな悲しくなるのだろう。全部で€7かかりました。もちろん乾燥機は使わず部屋干し。…その後この旅で洗濯機を使うことは無かった…

オルタ・デ・サン・ジョアンピカソセンター ピカソ美術館⑥

ピカソが1898年〜1899年と1909年に滞在していた地。
当時の恋人のフェルナンド・オリヴィエ曰く「キュビスム誕生の地」。ここで描かれた作品はバルセロナのピカソ美術館で観ることができる。

✉ Antic Hospital, Horta de Sant Joan, Tarragona, Spain
URL www.centrepicasso.cat
OPEN 変則的なのでサイトで事前確認を（夏以外は主に週末のみ開館）　€4

列車で行くと
海岸線の車窓
が楽しめる

51

突然 Berga(ベルガ)で1泊

ゴソルまで日帰りのつもりがタクシーがつかまらず、バルセロナのバスに間に合わなかった…。

古いビジネスホテル風

Hotel Estel

€52

豪華な朝食付き。
田舎には安ホステルがないのよね

✉ Carretera Sant Fruitós 39 , Berga, Spain

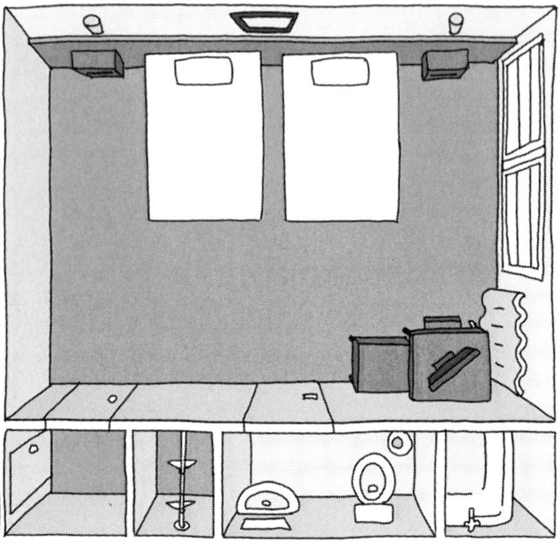

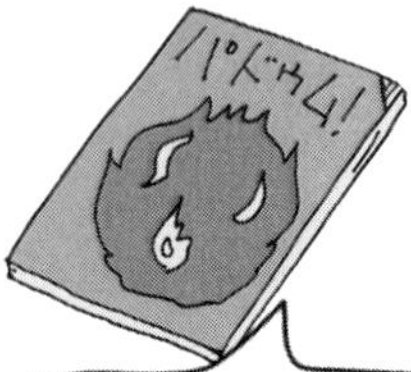

観光案内所で火祭りの日本語の写真集をもらった。ベルガは火祭りで有名な場所らしい

どことなくもっさりしたデザインのケーキたち

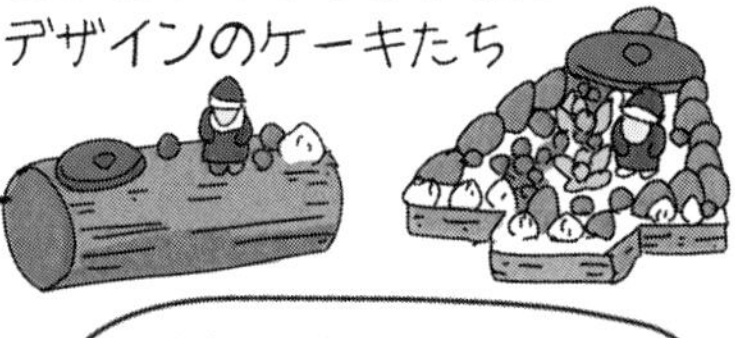

12月25日過ぎたけど、街はクリスマスケーキがたくさん。スペインのクリスマスは1月6日まで続きます

公共交通機関だけでは行きにくいので、村に泊まるか、片道タクシーを使うしかない

ゴソルピカソセンター ピカソ美術館⑦

ピカソが1906年5月～8月に滞在した村。滞在時はバラ色の時代にかかり、いくつかの作品がこの地で描かれた。ピカソの作品は置いていないが、ゴソルは風情のある石造りの街。

✉ Plaça Major 1, Gósol, Spain URL www.gosol.ddl.net/gosol.php
OPEN 変則的なのでサイトで事前確認を €3

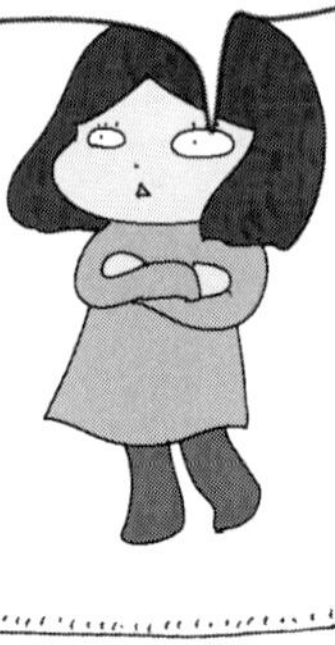

Hot Chocolate in Spain

スペイン定番の朝ごはん、ホットチョコレート＆チュロス。専門店のホットチョコレートはそのへんのバルで飲むより濃くておいしい。高いけども。

有名店

San Ginés
濃いけどぬるい
€4 マドリード

ベルガのバル

スプーンが立った！ なのに味は薄い。コーンスターチでとろみを出しているらしい…€1.6だし、文句は言えない。

サンティアゴ・デ・コンポステーラのバル

クロワッサン付き

うすい！

バルセロナの駅スタンド。

ホットチョコじゃない！ 単なるココアだ！

バルセロナンのイタリアンレストラン
Mama Dori（ママドリー）。ホットチョコも店もかわいい。

ホイップクリームたっぷり €3

店のおねえさんが美人

バルセロナ
VALOR（バロール）
€2.75

濃厚！ やっぱりチョコレート専門店だね！ お土産にインスタントも買ったよ〜

マラガの1932年創立の老舗

テイクアウト
€2

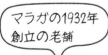

Casa Aranda（カサ・アランダ）

あつあつ！おいしい！

最初はおいしいけど毎朝ホットチョコレートだとあきてくる。ゆえに時々生ハムサンド

うずまき状の揚げたてチュロスをカット。チュロス作る過程がおもしろくて見てたら1本くれた！

アヴィニョンの宿

バルセロナから美しい海岸線を通りアヴィニョンに到着。安宿が少ないアヴィニョンにおいて貴重な宿。駅から一本道で徒歩5分。メイン通りに面しており、近くにスーパーもあり便利。

窓から歴史を感じる街並みが見える

キッチンがないのは残念！電子レンジはある

モダン

スタッフさんの指輪
おじいさんからもらったそう

Pop' Hostel
（現在はHO36 Avignon）
✉ 17 Rue de la République, Avignon, France
4人ドミ €18.95

ヴァロリス国立ピカソ美術館・陶器美術館 ピカソ美術館⑧

ヴァロリス城にある美術館。国立ピカソ美術館は『戦争と平和』のみを展示。陶器美術館にはピカソが1948年から1955年滞在時に制作した陶器がそろう。近くのポール・イスマール広場のピカソ作の『羊を抱く男』のブロンズ像もお見逃しなく！

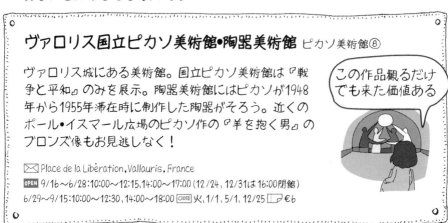

この作品観るだけでも来た価値ある

✉ Place de la Libération, Vallauris, France
OPEN 9/16〜6/28:10:00〜12:15,14:00〜17:00 (12/24、12/31は16:00閉館)
6/29〜9/15:10:00〜12:30、14:00〜18:00 **CLOSE** 火、1/1、5/1、12/25 □ €6

NICEのNICEなホステル　Hôtel Ozz by Happyculture
✉ 18 rue Paganini, Nice, France

アヴィニョンからニースへは3時間半。ニースを拠点にするので、駅近でよかった。アジアンレストランがたくさんある通りに面したホステル。共有スペースのカフェが雰囲気いい。

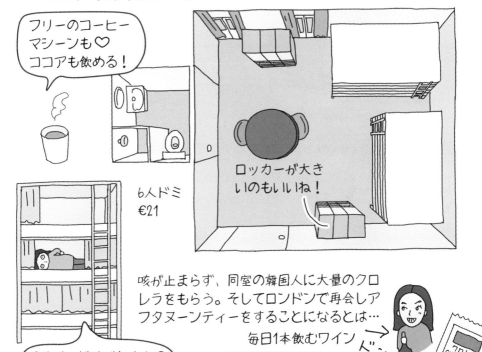

フリーのコーヒーマシーンも♡ココアも飲める!

6人ドミ €21

ロッカーが大きいのもいいね!

咳が止まらず、同室の韓国人に大量のクロレラをもらう。そしてロンドンで再会しアフタヌーンティーをすることになるとは…

3段ベッドはベトナムの夜行列車以来だが部屋も広いし快適よ

毎日1本飲むワイン　ドン

だって水より安いのよ!

ロンドン留学中のSeongmin

アンティーブ　ピカソ美術館　ピカソ美術館⑨

アンティーブの海辺に立つグリマルディ城にある美術館。ピカソが1946年9月から11月に滞在した時の作品を展示。ヴァロリスの美術館からアクセスが良く併せて行くと楽。作品と窓から見える海のコントラストが美しい。

✉ Château Grimaldi , Place Mariejol, Antibes, France OPEN 9/16～6/14 : 10:00～13:00, 14:00～18:00
6/15～9/15 : 10:00～18:00 CLOSE 月、1/1、5/1、11/1、12/25 🎫 €8

えっ、こんなところで間違った日本語の刺青（いれずみ）とか見させられてもどう反応していいか分かんないし。

舞台のエンジニアの仕事で日本に行ったんだって。ちゃんと反応できず、話もはずみませんでした。

リヨン駅そばの宿

Le Flâneur Guesthouse
✉ 56 Rue Sebastien Gryphe, Lyon, France
6人ドミ€22

風邪が悪化。キッチンは広いが自炊の元気がない。しかし野外市場に行く。リヨンは美食の街ときいたら行くしかない。

野外市場にて買った塩分過多な肉。→

でっかいヒーター

物価が上がる。ホットチョコ€6？ 今まで€3で飲んでいたのに。

フランスのおかし

フランスのおかしはおいしいうえに美しい！

マカロン Macaron

€1〜1.3

店によって味はそれぞれ違う。
有名店は高い。ラデュレ€2.1
ピエールエルメ€2.2

25歳以下は美術館が無料だから美的感覚が養われるのか…美の英才教育！

カリッソン Calisson

プロヴァンス名物

濃厚

1コで十分

€0.7

名前の通り『カリッ』としてるのかと思ったら弾力が…！

クッサン・ド・リヨン Coussin de Lyon

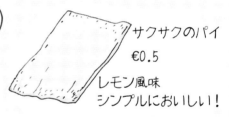

2〜3個いける！

リヨン名物

€1

見た目、ぬちゃっとしてるのかなと思いきや、サクッとホロホロとしてマカロンを濃くしたような。

サクサクのパイ

€0.5

レモン風味
シンプルにおいしい！

イスパハン Ispahan

パリで
€7.5

倒れそうになるほどおいしい！

ファイブスター物語に世界一のケーキとあって食べたかったのが実現。日本でも食べよーっと。

€0.8

メレンゲにヘーゼルナッツペーストが入ったおかし。

ポール PAULのパン

PAULが駅にあるとフランスに来たって感じがする。
主要駅にはだいたいある。

€1.6

頭からばくっと

ジュネーブへはリヨンから2時間。
物価の高いスイスでは貴重な安宿へ。

✦City Hostel✦

CHF30.59（3,469円）この値段で泊まれるのはありがたいわ。市バス乗り放題パスをもらえるし

ミックスドミ

近所でランチCHF20。これがスイスでの唯一の外食に…

ビーフシチューやわらか！

ラグラップドール
La Grappe D'or

✉ Rue Ferrier2, Genève Switzerland

ゴールデンパスラインの起点、モントルーはフレディ・マーキュリーが愛した街。レマン湖にはフレディの銅像がある。

すみませーん写真撮ってください

通りすがりの
インド人一家

フレディファン

恥ずかしい…

ススス

パシャッ

58

ふと振り返ると

家族全員同じポーズで写真撮ってた

ゴールデンパスラインを通ってルツェルンへ

モントルーから絶景ルート（ゴールデンパスライン）を通ってルツェルンまで。湖やアルプスが見える美しい車窓！

ルツェルンの宿

Luzern YHA

坂の上にある街はずれの宿。バス乗り放題チケット兼美術館の割引券がもらえる。キッチンがないのだけが残念。

✉Sedelstrasse 12, Luzern Switzerland
6人ドミ CHF23.82

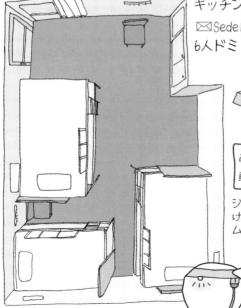

豪華な
朝ごはん付き

醤油や米も…

ジャムが5種、チーズ3種、シリアルにかける具がひまわりの種、亜麻の種、プラム、パンプキンシード…

ベッドのコンセントは天井に。粘着力？あるプラグじゃないと落ちてくるよね…

ロイス川にかかる木製の橋。梁には死の舞踏を描いた67枚の絵が飾られている。

夜中わたるのは怖い！

約400年前の絵だって。川の湿度で劣化しないのかな？

後にロンドンのナショナルギャラリーで骸骨と再会。ホルバイン作『大使たち』斜めから見ると骸骨がいる。

carpe diem（今を楽しめ）
カルペ・ディエム
的な。旅行ってそうじゃん

日常わたる橋に骸骨というシュールさ。誰もが髑髏になるのだから、生きていることを楽しめというメッセージとして受け取る。過去から現在のこの街で生きる人へのプレゼントだと。何度も往復して私もおすそ分けをいただく。

元にした絵も観たいな…と行きたい美術館が増える。

ローゼンガルトコレクション ピカソ美術館 ⑩

ルツェルンにある、ローゼンガルト父娘が寄贈した充実したコレクション。クレーの作品も多数。エル・グレコの『画家の息子の肖像』（セビーリャ美術館所蔵）を元にしたピカソの絵がある。

✉ Pilatusstrasse 10, Luzern, Switzerland URL www.rosengart.ch/en
OPEN 4〜10月：10:00〜18:00、11〜3月：11:00〜17:00 CLOSE カーニバル期間中
CHF18

キッチンがない時の自炊法

スイスは物価が高いです。バジェット派に電子レンジと水があればできる
レシピを紹介！

キャベツを手で
引きちぎります

ちぎったキャベツを
皿に並べます

麺をのせ叩きつぶします

レンジに入れてときどき
麺をひっくり返します

水を加えます

ところどころクリスピーな
やきそばのできあがり

冷めないうちに食べてね！

物価が高すぎて

外食できない

キッチンないと詰む…

でもチョコレート
は食べる

1粒300円

再びフランスへ。 パリで泊まった宿たち

HI Hostel Paris Yves Robert
⊠20 Esplanade Nathalie Sarraute, Paris, France

鉄道の倉庫を改築した宿。
夜は人通りが少ない界隈。

4人ドミ
€25.02

彼女の大量の荷物

もともとパリに住んでるけ
ど3ヵ月前からここが家よ。
美術館のチケットが支給さ
れて行ってきたわ

フランスっぽい

同室のパリ
ジェンヌ

洗面台に彼女
の入れ歯…

住宅難民なのだろうか。パリは美しい
けれどこれもパリの現実なんだな…

切なくなり、明日宿を移動
することに

シャワーは室内、トイレは廊下

2軒目の宿 Smart Place Paris Gare du Nord 4人ドミ€28.71
⊠28 Rue de Dunkerque, Paris, France

エッフェル塔の置物

Chile

Brazil

小さめの部屋。カフェ
&キッチンは1階

バッグ&ベレー
帽は妹たちに

北駅から3分の宿。南米から来た2人と
買ってきたものを自慢しあう。

どうやってその小さいバッ
グにそんな荷物入るの?

チリの子が荷物が多い
のに小さいバッグで…

魔法か!
キャハハ

もうやだー

Chun!

ブラジル美人。
街を歩けばナンパの嵐。

チーズ・チーズ・チーズ！

今回の裏ミッションはチーズ食べ比べ。ほぼフランスの一人勝ち！ 日本だと関税がかかる高いチーズも安く買える。帰国後はチーズパーティします！

Tomme de Savoie

リヨンの野外市場で。見た目にそぐわずねっとりしたなめらかさ

口当たり後味にクセはあるが食べやすい！

カビで真っ黒！

France

Fromage

今ヤギは子どもなので、アヴィニョン産のはないよ〜

PERAIL PAPILLON

アヴィニョンの市場でアベイロン産とアヴィニョン産を間違え購入 €2.25

大きいのはずっと食べ続けることになるため選ぶの真剣！

レモンみたいな爽やかな酸味やクセあり

CABECOU DE ROCAMADOUR Lot産€1.25

BANON feuille A.O.C

ニースのスーパーで。におい強め

Casino CROTTIN de CHÈVRE

CROTTIN de CHÈVRE

フレッシュなのはしょっぱくないからばくばく食べられる

ちまき?! いいえ 栗の葉っぱだって！ひとつ€5.15

ピラミッド！

こげ茶のとか真っ黒いカビ！

謎の文様

Oc'SITAN Lait Cru Chèvre

タルン産

Colline aux Chèvres La Bouyguette

魚みたいな形と模様

Le curé nantais affiné au muscadet

うずまき模様 ロワールアトランティク産

LANGRES Lait Cru Vache

ボコボコ

LANGRES

フランスは地方ごとに個性あるチーズがある！ フレッシュなのは持たないのでその場で食べるしかない！

シャンパーニュ・アルデンヌ産

高速列車（タリス）でブリュッセルへ。ここでは友人のおばあちゃんの家に泊まらせてもらう。行ってみると、そこはこんな現代アートな家だった…。友人のおばあちゃんの亡くなった旦那さんである現代建築家Jacques Wybauw（ジャック・ウィボー）が建てた家。

Françoise
Blum
Wybauw's
house
built by 1960'作
Jacques Wybauw

窓から美しい
庭が見える

部屋にはベルギーの画家Micheline Boyadjian（ミッシェリン・ボィヤージョン）のオリジナルの絵！ 絵の中にさらに絵があり、さらにそれを見ているわたし、そしてそれを描くわたし…。入れ子のよう。

家具も本物のアンティークぞろい

巨匠が使っていた机だから使うと気分が上がる

周りの家みたいな古臭いのは好きじゃないわ

周りの家はこんな

この家の主であるフランソワはモダンな85歳。第二次世界大戦中彼女はユダヤ人だったゆえ、ニューヨークに疎開留学してアートを学んだ。

その孫の友人オリビアとは11年前のミャンマーのインレー湖で出会った。
2児の母になった今も現役バックパッカー。アゾレス諸島から帰ってきたば
かり。(節約テント泊)

オリビアってお嬢様だったの!?
今だってユニクロじゃん

ハハハ、私は普通。お
ばあちゃんはそうかも
しれないけどね

アートに全く興味なし
の弁護士オリビア

フランソワが家の中を案内してくれた。彼女の優雅
な動きを見て分かった。お嬢様がゆったり動く理由
は高価な家具に囲まれているから壊してしまわない
ようにだろう。お嬢様はきっとユーレイルパスをボ
ロボロにしたりなんかしない。

私のユーレイルパス

図書室の本
自由に見て!

たしかにピカソも現代
アートのはしりだよね

ピカソの
紙人形

バスキアの
ポスター

年代物の現代アート
の本がたくさん

パリにアパートを持っており、数週間に一度ピカソ美術館の
展示が変わるたび訪れるんだって。

一族で毎年旅行に行き、写真のカレンダーに。だんだ
ん物忘れが多くなってきたフランソワのために写真の
下にそれぞれの年齢と名前入り。

えっ、結束固い。ユダヤ
人てみんなこうなの?

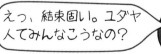

ん〜うちは
特別かな

家じゅうにたくさんの花束がある。また送られてきた。パリのアパートを友人に貸したお礼だとか。

たくさんの孫に囲まれ、花もたえず、パリにアパートもあり、美しい家で暮らし、何でも持っているんだね

みんなそう言うわ。でも物を持っているということは、余計なものも持たざるを得ないということよ

フランソワってなんていうか、面白い、まぁ面白いけれどもうーん

興味深い！

そう！ それ！

わかれぎわに…

あなたには、人生でいろいろなことを成し遂げられる十分な時間がある！ だからやりなさい！

フランソワがこう言うとなんでもできるような気になってくる。次会う時まで元気で！

ブルージュ ピカソエキスポ ピカソ美術館⑫

ミュンスターに次ぐリトグラフの所蔵数。1930年から1970年の間に作成した300以上の印刷物を展示。ブリュッセルから列車で1時間。駅からは徒歩20分ほど。世界遺産の街並みを散策しがてら行ってみては。

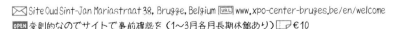

✉ Site Oud Sint-Jan Mariastraat 38, Brugge, Belgium [URL] www.xpo-center-bruges.be/en/welcome

OPEN 変則的なのでサイトで事前確認を（1〜3月各月長期休館あり） 💳 €10

Belgian Chocolate

ベルギーはチョコレートな国。ブリュッセルに着いたらショコラテリアめぐり。いろんな店で1粒ずつ食べ歩いてお気に入りを見つけたい！

おいしい！ しょっぱいキャラメリゼしたヘーゼルナッツペースト！

€1 ELISABETH
店舗はブリュッセルのみ

スッと口どけ高級感！

THE EARL GREY

PIERRE MARCOLINI
スパイシー味
€0.8

タブレット€7

PLASIRI

JAVATE

笑うほどうまい！

キャラメリゼしたナッツが入ってて ♡

ふわふわサクッ

日本に店舗なし

ヘーゼルナッツ

Mary

€1.1

La Belgique

でかい！ €1.25

ソフトクリーム型

€1.5

おもしろいから買ってしまった

Pierre Ledent

濃いゴマの味！

ハンバーガー型のマカロン

€3

お店がポップでつい入りたくなる

Patisserie Chantilly
ブルージュのお店。

ベルギー王室御用達 neuhaus
お店一押しの1個くれた

チョコの中に濃ーいチョコが!!
おにぎりの中におにぎりが入ってるみたいな

ヘーゼルナッツ食べ比べ

ベルギー思っていたよりずっとチョコレート押し…

着いて早々5粒食べた

喜ばれるお土産！チョコアソート

TASTE BELGIUM

Neuhaus

€22

予想以上…

Chocolate Belgian

ブリュッセルに荷物を置いて、ドイツまで小旅行。泊まった宿はとっても清潔。キッチンに調味料がそろっていて、近くにスーパーが多く自炊もバッチリ！ 今ケルンで家具の見本市が行われていてこの宿に泊まっている人はみんな家具の仕事してる人なんだって。

The Penny Pincher Inn ✉Tempelstraße 26, Köln, Germany
€25

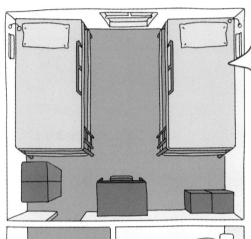

> 6人ドミは全員男性だったので
> 4人ドミに変えてくれた

ベッドの下段にロシア人建築家
&家具デザイナーのLenaさん。
元薬剤師だそう。

> ワイン
> いかが？

> パロディをしていたピカソがパロディをされる側になる面白い系譜

ケルン ルートヴィヒ美術館 ピカソ美術館⑬

近現代芸術の美術館。ピカソの作品所蔵数はバルセロナ、パリに続き世界3位。ここには、『ゲルニカ』をモチーフとして描かれたジェームス・ローゼンクイストの作品『The Swimmer in the Econo-mist #1』がある。

✉Heinrich-Böll-Platz, Köln, Germany [URL] www.museum-ludwig.de [OPEN] 火〜日、月を含む祝：10:00〜18:00 毎月第1木曜：10:00〜22:00 [CLOSE] 月（祝日を除く）、1/1、12/24、12/25、12/31。カーニバル期間中と祝日の休館日は毎年変わるのでサイトで事前確認を ⬜€12

ケルンからミュンスターに行く列車が途中で止まった。4時間後に『本日の列車は全て運休です』外に出るとあぶれた乗客たちがタクシーシェアを呼び掛けていたのでミュンスター行きの人たちに混じる。宿は同室全員が列車運休のためここに泊まるはめになった人たち。…歯医者に来ただけで帰れなくなった人も…

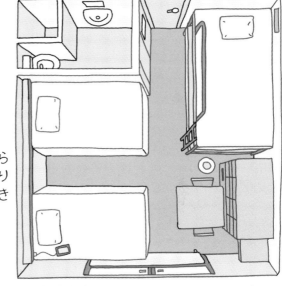

Jugendgästehaus Aasee €36.40

Bismarckallee 31
Münster,Germany

明後日、ロンドンに行くから明日中にブリュッセルに帰りたい。明日の朝は列車が動きますように…

↑ 窓から美しい湖が見える。普段ならぼんやり眺めたいところだが…

プレッツェル
Brezel の形の理由

ドイツに入ったら急に歩き食いする人が増えた。

€1.1

ドーナッツでさえもこの形

！だからこの形なのかな 持ち歩きやすいもの…

← ケルン・プレッツェル €1.86

列車は朝になっても動かない。駅で待つこと7時間。気温3度の中、同じくバスを待っていたかわいいトルコ人の娘とお互いのポケットに手を入れあう。

ミュンスターに通う大学生

すみません。温まったのは心のみです

仕事中

Bla Bla Car（ブラブラカー）で15時にケルンまでカーシェアが出るよ！

それにする！！

Bla Bla Car（ブラブラカー）が何か不明だが。

ケルンまで破格の€10！ by 乗り合いマッチングアプリ（ブラブラカー）

夕日が天国みたい！

ひぇえええええええ～私はまだ天国に行きたくない！行くのはロンドンだ！

シェア主はミュンスターの女子大生。初めての長距離らしく慣れてない運転で怖い。

ブリュッセル駅に深夜迎えに来てくれた

マジ感謝…

Bla Bla（ブラブラ）しゃべりながらのほうがお互い楽しいし、運転手もお金入るし流行ってるみたい

ミュンスターピカソ美術館 ピカソ美術館⑭

ドイツ唯一のピカソ美術館。ピカソの作品はリトグラフなど印刷物のみの小規模な美術館。美術館の階段の窓から広場をのぞいてみてね。広場の敷石で、ピカソの肖像が描かれているよ。

✉Picassoplatz, 1, Münster, Germany URL www.kunstmuseum-picasso-muenster.de
OPEN 火～日:10:00～18:00 (1/1:13:00～) CLOSE 月、10/3、12/24、12/25、12/31 💴€10

ブリュッセルからユーロスターで2時間半、最後の地ロンドンへ！　ここでも友人の家にお世話になる。ロンドンのスタイリッシュな一軒家。

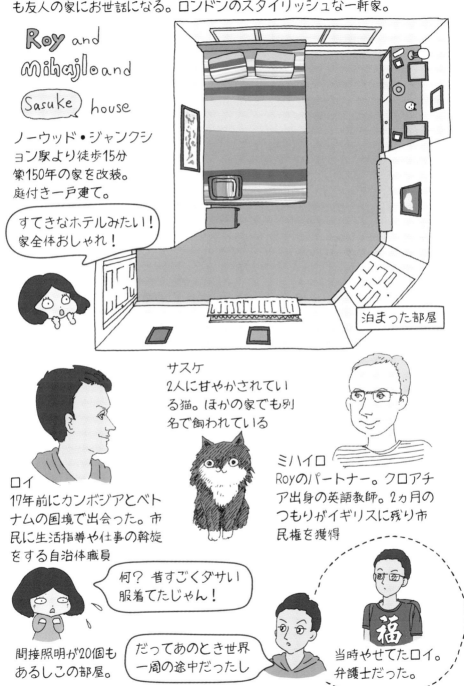

Roy and
mihajlo and
（Sasuke） house

ノーウッド・ジャンクション駅より徒歩15分
築150年の家を改装。
庭付き一戸建て。

すてきなホテルみたい！
家全体おしゃれ！

泊まった部屋

サスケ
2人に甘やかされている猫。ほかの家でも別名で飼われている

ミハイロ
Royのパートナー。クロアチア出身の英語教師。2ヵ月のつもりがイギリスに残り市民権を獲得

ロイ
17年前にカンボジアとベトナムの国境で出会った。市民に生活指導や仕事の斡旋をする自治体職員

何？ 昔すごくダサい服着てたじゃん！

間接照明が20個もあるしこの部屋。

だってあのとき世界一周の途中だったし

当時やせてたロイ。弁護士だった。

73

ニースで出会った韓国人Seongminと会うことに。
ナショナルギャラリーのダ・ヴィンチの絵の前で待ち合わせのあとの…

Afternoontea
in
London

アフタヌーンティー

『岩窟の聖母』
by ダ・ヴィンチ

乙女心く
すぐるー
××

かわいー♡
××

今日はね！Patisserie Valerie
（パティスリー）（バレリー）
ってとこに行ってね！

なんとここ本場
イギリスでね！

Patisserie Valerie
174-176 Queensway Paddington,
London, England

ってあのチェーン
店だよな

うん、
あのチェーンだな

大丈夫！日本の友達に言
わなきゃばれないさ！！
チェーンって

あっ！でもあそこはおいしい
チェーンだから！

チェーーン
唯一のイギリスでの外食が…
いや、おいしかったけども

74

本物のイギリスって…？

本物のイギリス人に会ってないだろう？

この家はモーリシャスとクロアチア人

昨日家に来たのは
クロアチアンガール

クロアチアから移民

両親がモーリシャスから移民

イギリスの市民権獲得
のために書類を書いて
いた。

今朝駅まで車で送ってくれたのは
イランとフィリピンのカップル

なをこが今日お茶した
のは韓国人でしょ

それがイギリスだっ！

ドォン

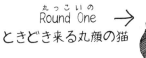

お、わかってんじゃん

人種のるつぼイギリス

丸っこいの
Round One →
ときどき来る丸顔の猫

75

気になる 各国住宅事情

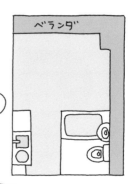
ベランダ

いろんな国の人に会ったので
住宅事情をきいてみました。

ちなみに私の部屋。
築30年。家賃36,000円
新宿まで電車で30分。
駅から徒歩7分
安

なんで日本の家って隣との間はこーんなに狭く
てもあけるの？インドでは家はみんなくっついて
いるんだよ。そっちのほうが強いしよくない？

デリー近郊都市在住
アヴィニョン旅行中

インドの家

日本の家

なんでだろか…

法律で決まってるけど、木造
だから火事が怖いとか。他人
と共有したくない文化なのか…

香港ではみんな結婚する
まで実家にいる。部屋が
高すぎて若いカップルが
結婚できないのよねー

それって韓国も同じ！

ソウル出身
イギリス留学中

香港で地上30階の実家暮らし
アヴィニョン旅行中

日本ではシェアハウスが増えてる。
友人はそこで結婚して子供生まれて
今も住んでる。一般的じゃないけど
一緒に住めないよりは。壁共有はNG
で家共有はOKな日本の謎

えーっ！

私は大学の近くで今は日本の学生
が少ないから安く借りられるんだ。

36,000円だと私の国ではあのベッド
しか借りられない…床から天井まで
のスペースじゃなくてベッドね…

76

この家？
7年前に4000ポンド（約6000万円）で
買ったけど、今や倍になってる。今だ
ったらとてもじゃないけど買えないね

隣とくっついてる家。ペイ
ントは違うけどよく見ると
造りは全く同じ　→

ロンドン郊外
在住

前はロンドン中心地に2人で1部屋
に住んでたけど狭いのに高い家賃
がバカバカしくなってね…

あの建築中のマンションは
1部屋3000ポンドもする。
庭も屋根裏部屋もないのに

ロンドンの家賃が高すぎて自
立できない子どもが増えて社
会問題になっているんだよ

それはソウル人と香港人
に同じこと聞いたなぁ

昔の労働者階級の家だと思う。
だから造りが小さいんだ

←　身長190cm

昔は労働者階級の家で今やある程度リッチな人
の家か。両隣は医者と校長先生だそうだし。

↙　買ってきた花を植えてるミハイロ。
どんなコンパクトな家でも庭がある！

日本だったらこの庭つぶし
て家の幅広げてるよなぁ…

ニャー

あの猫が一番リッチなのでは…家2軒あるし。
サスケ

イギリスはおいしくないって聞いたのだが…

ある日の朝食

熟しすぎた果物はジャムにするんだ。食べ物無駄にしたくないしね

前日仕込んだ手作りヨーグルト

ある日のランチ

サラダにのってるのはフェタチーズだよ

庭で採ったバジルのドレッシング。

デザートはホットチョコ

ミント入り

ある日のディナー

カモ肉のハンバーガー

チキンを丸ごと買うとスープストックも作れるし便利だよ。ミキサーにかけた野菜から甘みが出るしね

とりあえず全部おいしい！

あと紙ナプキン毎回違う

平日仕事に行く前ー

今日中心部行くならばお弁当持って行くか？

とか

そろそろご飯だから帰ってきなさい

とか

まるでお母さんー

79

イギリス人てみんなこうなの？ 2人とも料理上手で

家によるかな。友人は僕たちをホームパーティーに呼ぶと緊張するって

『ベストシェフ』って料理番組が人気

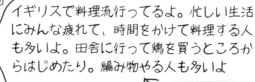

イギリスで料理流行ってるよ。忙しい生活にみんな疲れて、時間をかけて料理する人も多いよ。田舎に行って鶏を買うところからはじめたり。編み物やる人も多いよ

え！それ男性も？

もちろん！

弁護士してたころは、時間なくてストレスもたまってたけど、今は転職して4時に上がれるから料理や家のことをする時間が十分あるんだよ

今職場までバスで5分だし。

ちなみに今読んでいるのはウズベキスタンの料理本ね

ウームチェア
Womb chair →

旅行好きの彼らが世界中から集めたレシピ本がたくさん

ネットから画像探して引き伸ばせば安上がりで気に入ったポスターが作れるよ

JAPAN

ロイは人生にとても満足しているように見える。家族と暮らし、おいしいご飯を作り、家を整え旅行もし…

3人家族

人生はとても短い。だから楽しんで最大限生かさなきゃね

旅みたい

そう! まさに!

ルツェルンのシュプロイヤー橋の骸骨が頭によぎった。だれもがいつか骸骨になる…だからそれまでを…

これでおしまい

今回は各地でアイテムを発見していくような旅だったな。それはチーズだけじゃなく…。友人たちに大切に扱ってもらってうれしくて別れの時は泣いた。そんなのは初めてで。見知らぬものとの遭遇が旅だけど、自分の中にも見知らぬ感情を発見した。

ロンドンの空港まで途中下車し、Borough Market でチーズを買う

使用済みユーレイルパスを投函してこの旅は終了

後日、自分の送ったパスとオリジナルエコバッグが送られてきた！

ヨーロッパから帰ってきたけど質問ある？

Q：カタール航空の往復航空券とユーレイルパスが当たったとのことだけど運いいの？

A：こんな機会がまさか巡ってくるとは思わなかったし、無事に帰ってきたからいいと思う。地図が欲しいと思ったらヨーロッパの路線図もらったり。あとは今回いろんな人に餞別（せんべつ）をもらった。

形も色も香りもさまざまなフランスのチーズ

Q：どこのピカソ美術館が良かった？

A：マラガ。生誕の地だからか、ピカソのパーソナリティーにぐっと迫る展示で、コレクションは遺族が持っていたものが主だから、いい作品がそろっていた。伝記上の人物じゃなく、『人間ピカソ』が居たんだなって改めて思った。ヴァロリスの国立ピカソ美術館はたった1点の美術館だけど感動した。陶器美術館の作品は少数精鋭。パリのピカソ美術館も展示内容をまめに変えたりして工夫してるなと思った。

Q：逆にここは行かなくてよかったっていう美術館はある？

A：ゴソルのピカソセンターへのアクセスが大変だった。ベルガからゴソルまではバスじゃなく小さい車が来た。ギリギリで乗れたけど、マイナーな所に行くときは事前に交通手段の予約はすべきだと思った（客がいないと減便される）。帰りはもし可能だったらヒッチハイク、最悪タクシーなら捕まるだろうと考えていたけど、シーズンオフでうまくいかず…。バルセロナ行きのバスにも間に合わなくて、途中で高いホテルに泊まるはめになった。節約旅行には手痛い出費。こんなに苦労したけれど、ゴソルのピカソセンターにオリジナルの絵はなかった。でも、道中の絶景や村の静かな雰囲気は良かった。ここで『バラ色の時代』の作品が描かれたのかと思ったら感慨深かったしね。

Q：どの街が良かった？

A：アヴィニョン。街の風情も良く住みたくなった。マラガも良かったな。地

中海からの風が暖かく、お気に入りのバルもできたし、街の雰囲気も良かった。あとはルツェルン。ピカソ美術館巡りというテーマがなかったら行ってなかった美しい街。

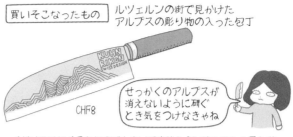

買いそこなったもの

ルツェルンの街で見かけたアルプスの彫り物の入った包丁

CHF8

せっかくのアルプスが消えないように研ぐとき気をつけなきゃね

イギリスに行く予定なので大きい刃物持ち込み禁止のため買えず…

Q：どの車窓が最高だった？

A：一番はモントルーからルツェルンまでのゴールデンパスライン。冬だから期待していなかったけれど、素晴らしかった。スペイン国境を過ぎてからペルピニャンあたりまでも海岸線を通るときは海の中を走ってるようで爽快。塩田が見えたり。ローザンヌからモントルーも湖沿いに走るところが気持ちよくスイスのイメージそのままの景色という感じ。リヨンからベルガルドまでも石造りの小さな家が見えたりとかわいかったな。

Q：ユーレイルパスの旅はどうだった？

A：列車だと移動した距離が肌感覚でわかるのと、乗り降りし放題だと、フットワークが軽くなって旅の自由度を上げるね。ルツェルンからサンクトガレンまで行ったのも、パスがあったから行ってみようかなって思ったからだし。スイスの景勝ルートを制覇したくなったし。フランスで安めの食材を手に入れてからね！

Q：トラブルはなかった？

A：ミュンスターでは、嵐で列車が止まったけど、オリビアのおかげで、次の日のユーロスターに間に合ったしなぁ。パリの宿で酔っぱらいに絡まれてキッチンに行けないとか、サンティアゴ・デ・コンポステーラの大聖堂でおばあさんに傘で殴られそうにな

美しいルツェルンの街

ったりもあったけど、過ぎ去ってみればすべてネタだし。あとは、ラ・コルーニャで雨の中、傘もささずに観光したら風邪をひいて長引いたのはつらかった。あと、ユーレイルパスだけでブルージュに日帰りしたら、検札にパスポートの提示を求められ、罰金29ユーロを支払った（ユーレイルパスを使う時はパスポート携帯の義務がある）。同じ車両でヴァリテーション（利用開始手続きのスタンプを押してもらう）していなかった観光客も罰金食らっていた。パプリカと間違えて唐辛子をかじったら死ぬかと思ったことも。こっそり共用キッチンのフリーコーナーに置いてきた。

Q：持っていってよかったものと必要なかったものは？

A：よかったものはSIMカード。移動中にルート検索したり、次の街の宿を予約したり便利。ミュンスター脱出時にはオリビアやブラブラカーとのやり取りで必須だった。それにブリュッセルでフランソワばあちゃんの家の鍵を開けるのに手間取ったら警報アラーム鳴っちゃって…。あわててオリビアに電話した。これもSIMがなかったらアウトだった（ドイツでSIMカードを買うのは規制がかかっている）。必要なかったものはフリース。洗濯機借りると高いから手洗いなんだけれど、生地が分厚くて乾かない。全く手洗い向きの素材ではなかった。旅行の服は速乾と軽さ！

Q：持っていけばよかったってものは？

A：ロッカー用の鍵。持って行ったんだけど、ロッカーにうまく輪がかからなくて。現地で売ってるけど割と高い。100円ショップで大小2個くらい買って行くといいかも。

フランソワの家の周りはこんな家ばかり

Q：総額いくらかかった？

A：2139.83ユーロ、日本円で278,479円。31日間だから1日で約9000円使ったってことだね。この金額で済んだのは、宿はほぼドミトリーで、ブリュッセルとロンドンでは友だちに泊めてもらったから。

Q：たくさんピカソ美術館に行ったみたいだけど、どうだった？

A：プラド美術館で『ラス・メニーナス』を観て印象が残っているままピカソの描いた『ラス・メニーナス』を観ることができたりしたのはよかった。あと土地の関係もわかるというか。カンヌで描かれた連作を美術館で観た後、実際に南仏に行って開放感あふれる光をあびると、ここで描かれたんだなぁと五感で納得できる。理解が前より立体的になった気がする。少し理解が深まると、一段深いところでまた分からないことが見つかる。そういうのって面白い。

Q：他に何が印象に残ってる？

A：ブリュッセルのフランソワばあちゃんがパワフルだった！　元気なうちにまた会いたいな。あの家もすばらしかった。ニューヨークのアートスクールの学生だったころの話も聞きたい。ロンドンも忘れられない。家主2人が、お弁当持って行くか？　おかわりいるか？　ってまるでお母さんみたいだった。今もしょっちゅうメッセージが来る。ほとんど猫のサスケの自慢の写真だけど…。ブリュッセルとロンドンでとっても大事にしてもらって心が暖かくなったよ。

Q：次はどこへ旅行したい？

A：もともと中国の雲南省の香格里拉行きのチケットを取っていたんだよね。ピカソ美術館巡りの旅行をすることになってそのチケットを捨てた。だから今度こそ行くのもいいな。イポーで世界一おいしいモヤシも食べてみたいし（その後行くことになった。『おいしいマレー半島縦断』参照）。ポーランドも友達がワーホリ行っている間に行ってみたいな。いい季節にイギリス再訪も！あとは、スタンスが惰性の旅行はもうしたくないなって思ってるんだよね。

Q：惰性って？

A：安いから、暇だから行くか、みたいな。本当にそこに行く必要があるのか、得るものがあるのかっていうのをまず考えてから実行が理想。でも安いチケット出たら行っちゃうかもしれないけどね。

ユーロスターでロンドンのセント・パンクラス駅へ

ヨーロッパ・カップスープをめぐる旅

カタール航空とレイルヨーロッパの面談にて宣言したこと。

スープが好きなので
スープ飲んできます！

スペイン

Sopinstant

って言った割にはカップスープ巡りになっている…

ガリシア味らしい。
花模様の具が。

たぷん

フランスでは粉よりこう
いうレトルトが多い

Carrefour

フランス

おいしいけど
持ち歩きが…

ドイツ

Fixe Tasse
instant soup

カップラーメンの
残り汁みたいな味
が。しかも麺入っ
てるし見た目も

麺の入ったスープ

Royco
soup miso
夂 愛

「夂」…?!
って書いてある。
ちゃんとわかめの
味噌汁だった！

スイス

Knorr
Quick soup

アスパラガススープ
飲み比べ

イギリス

CUP a SOUP
CREAM de
ASPARAGUS

これはおいしい！
カップスープで
これはすごい！！

超アスパラ！

アスパラ感なし
クリームスープ

濃い！

これでなんとか公約を…
ってベルギーがぬけている！

86

ヨーロッパ・スーパーをめぐる旅

陸続きだし、欲しかったものが他の国でも買えるだろうと思いきや…ない！！ メーカーもその国の商品に入れ替わる

すぐ隣の国なのにぜんぜん売ってるものが違う！！

島国そだち

スペイン

我がおやつ

生ハムコーナーが充実。

フランス

チーズコーナーが充実

見たことないチーズゆえ、甘いのかしょっぱいのかさえ謎。

ドイツ

ハムもソーセージっぽいやつね

もぐり
もぐり

ソーセージコーナーが充実

スイス

50% OFF

50%

物価高すぎぃ

そもそも半額のものしか買えない

ベルギー

スーパーに行ってないけど多分チョコレートね

おいしかったスペインで買ったお茶Hornimans（ホルニマンス）のInfusueños（インフスエニョス）を違う国で買おうとしたらなかった

ほしいものはその場で買おう！
イギリスは何押しだったんだろう…

旅行が決まってから出発前に起こったこと

スペインの小さい美術館に問い合わせたい
けどスペイン語わからない…

コワーキングス
ペースにて

あ！あの人
スペイン人ヨ！

スーー

なぜか目の前をスペイン人が横切る。
現地に電話してもらったりと助かりました。

そして次々と行く国の人たちに出会うというフラグ

フランス　　　　　ドイツ　　ベルギー

友人の送別会にて
（ 友人は大阪人 ）

よく似ている国旗の国の人たち

再びコワーキングスペースで隣の人、スイス人。

パチパチ

パチパチ

あとはイギリス
人に会えばコン
プリート！

やべえ

しかし、その後イギリス人に出会うことはなかった。

友人からもらった餞別

まぁ別にコンプリー
トしたところでね…

ん…そういえば…。

£5　Bank of Engla　FIVE　5　MRI

（エ リ ザ ベ ス 女 王）
すげーイギリス人に会ってた！！

LCC（ローコストキャリア）で、バンコクへ。LCCとはサービスを省いて効率化して安い価格でチケットを提供する航空会社のこと。空港からまずはカオサンへ

行きはノックスクート
帰りはエアアジア

=airAsia=　=NokScoot=

実はカオサンは12年ぶりなのである

BUS

私のカオサンメモリーin 2006年

早朝、空港へのバスを待っていたら、しゃべっていたキノコカットのレディーボーイ（と）に全荷物を盗られる。

若なをこ →

走るときはものすごい漢（オトコ）走りになり、追いかけることすらできず…

貴重品は身に着けといて無事…

あとはバッグに入りきれなかった、タイ限定プリッツラーブ味

〜盗まれたバッグの中身〜
空港で食べようと思っていた巨大パパイヤなどのフルーツ、お土産のミャンマータバコ…

何このガラクタ！

キィィー

おかえり日本

えっ、荷物ソレだけですか？

ハイ…

だから何となく足が遠のいたっていうか…

あれ、ずいぶんおしゃれで、きれいになったような…

こんな人とか…いない!!

あやしいタバコ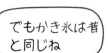

タイの若者も夜遊びに多く訪れるおしゃれ通りに変貌!!

でもかき氷は昔と同じね

とうもろこし入ってるし

この旅最初の宿はここ! カオサン通りから歩いて12分。
1Fのカフェも居心地が良い。宿の向かいには屋台も出ている!

The Printing House Poshtel
✉ 140 Dinso Road Saochingcha Pranakorn, Bangkok

選べる朝食付き

カーテン閉めれば個室みたいになるし
ベッドにはテレビまでついてる!

バンコクでは17年ぶりに友人に会うことに。ニュージーランドの
ワーキングホリデー中に出会ったおとなしいタイ人の少女。

←当時14歳
の留学生

17年の
のち

お土産は彼女が好
きだった某キャラ
クタークッキー

大人になってた!

ハーイ

よくしゃべるし
キャラ変してない!?

Por
バンコク在住

あのころは英語しゃべ
れなかっただけよー

自身の化粧品ブランドを立ち上げた
ばかり。ゆくゆくは、お母さんの貿
易会社を継ぐ。口紅もらった。→

LIM
LIQUID

ハイ、お土産

おしゃれ食器

私もおみや…

しくった…

クッキー

大人の女性にこんな…

少女も17年たてば大人の女性になるのであった。

婚約者も来た。Porの母の自社ビルの前に
カフェを作ってもらいバリスタをしている。

ごはん作る人→
タトゥー→

←稼ぐ人

93

Porに連れてってもらった KaiYangBoran　⊠474 Tanao Street, Bangkok

焼き鳥

トムヤムクン

焼き豚

ソムタム

ラープ

彼はタイ料理何でも作る
けど私は何もつくれないの

アジア的男女
逆転みたいな

ごちそうさまでした。

ところでタイにはおいしいものがいっぱい

みずみずしい！

やっぱ南国は雨季がベスト
シーズンと思うわけ
果物おいしいから

ライチの束
65バーツ

マンゴスチン
1kg52バーツ

果物のなかで一番好き

見かけると、つい買って
しまう袋入りフルーツ。

10バーツ

ココナッツゼリー
35バーツ。
八百屋にて。

ココナッツの果肉
が入っててさっぱ
りおいしい

ぷるるん

94

青いラテと青い店内がインスタ映えすると人気。

Blue Whale Maharaj

ミーハーなので20分並んで入った

青い色は『バタフライピー』って
花で色をつけているんだよ。

一言でいうと見た目のいい牛乳。
青くて人気出るなら私も青くなりたい

120バーツ

✉ 392/37 Maha Rat Road
Khwaeng Phra Borom Maha
Ratchawang, Bangkok

のあとの、有名なマッサマンカレー屋 Krua Aroy-Aroyへ

店に着くなり　　　　✉ 4Pan Road, Silom, Bang Rak, Bangkok

日本人か？

うん

マッサマン
カレーか？

うん

かなり　甘め

うなずくだけで出てくるマッサマ
ンカレー。つまりこの店に来た日
本人全員これを食べる。

110バーツ
青い牛乳より安い

バンコクから急行列車で3時間半のホアヒンへ

車内食ついてた。けっこう辛めの
チキンカレーとサバ油炒め

わりとおいしい

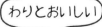

冷房で寒い列車にて隣にいた子に質問してみた。

ねぇタイ人て寒さに強いの？冷房いつも強くない？

あつい国だからね〜！でも私も2時間とかだと上着きるよ！

が
る
っ

あの人たちが一番強いのでは…。

常にTシャツ欧米人

ホアヒンで泊まるのは海っぽいインテリアの宿。建築家の息子さんがリノベしたんだって。とってもラブリー。ベッドから海が見えて最高。

朝日見えた

一番の推しは屋上からの眺め！

同室のインドネシア人の子から恋愛相談うけている。彼氏が日本人だとかで

Jetty Huahin Hostel
✉ 38/2 Soi Nares Damri Saphan Pla, Hua Hin
4人ドミ 399バーツ (1352円)

ホアヒン名物ナイトマーケットへ

日本にもお祭り以外でこんなのあればいいのにな

イイダコ丸ごと入ったタコ焼き

刺身か?!

もりっ

世界の独裁者ゴムマスク
時代も国境も超えてなかよく並ぶ

世界平和ホアヒンで実現!!

ヤバくて似せられない。
私も命惜しいわ。

どうしてこれを
作ろうと思った№.1

陸を歩く魚…

歩き疲れたらマッサージもあるよ

魚サンダル

いたれりつくせりナイトマーケット

ビューティサロン

カット 250バーツ
シャンプー 100バーツ
ヘアカラー 1200バーツ

そんでここいらで散髪を

英語は通じずボディランゲージ。

でも、美容院は髪を切るところ。言葉は必要ないわ

長さを変えず毛先が丸く内向きになるように

こう内側に

丸く

まかせて

ビシャビシャ…

ガッ

えっ

髪の毛つかまれて洗髪されたのは初めてである

顔面ビショビショになったけど4回シャンプーしてくれたので雑なのか丁寧なのか…

いてっ

ぐっ

いてて

そして、ハサミの切れ味が悪いなか…

できたわ！

丸ぅ！

希望

実際

下だけ丸っていうか内向き

シルエットが丸に

言葉、必要

ぷるん

98

今夜はペナンへ寝台列車で向かいます。その前にホアヒン駅併設のカフェで
一息。列車のボックス席を模している。

車内食はついていないのでナイト
マーケットで夜ご飯を入手

パッタイやヤムウンセン、
ソーセージ弁当

旅気分上がる!!

タイ最後の夜と思
うと買いすぎた

列車の下段のベッドには窓があるので(上段にはない)
流れる景色を見ながらゴトン、ゴトンという音は子守唄…

すでにシーツがセットされていた

清潔な洗面所もある!

列車のトイレいろいろ

ひょうたん

ツタンカーメン

おこのみで…

洋式

車両の中にコンセントは2ヵ所のみ。
充電器を差して間接充電。
スマホなくなったらやだし

国境の町ハジャイ着。国境を抜けると、そこはマレーシアだった。
マレーシア側の列車に乗り換えペナンへ。

あたりまえ

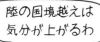

陸の国境越えは
気分が上がるわ

入国審査

Welcome to MALAYSIA

ぽす、

いろんな民族が増え、列車がキレイに。

中華系　マレー系　インド系

なんでか列車の窓がバキバキだけど

車内表示

タイにもあったドリアン禁止に加え、キス禁止も。

さすがムスリムの国

さらにフェリーを乗り継いでペナン
まで17時間！ 1時間半遅れたし。飛
行機だと1時間45分だけど。

大部分は寝台だった
から楽だったけども

ところで私は帽子をなくした…

実は成田空港か
らなかった…

ペナンのデパートにて

この辺で帽子売ってないかな
見かけなくって

…ないっ！

えっなんで？

店員さん

キャップはある！

なぜならマレーシアには帽子は必要ない!!
暑いからどこにでも車で行くからだ!!

たしかにマレーシア人どこへでも車で行くなぁ…
中心地を外れると横断歩道もないし。道渡れない…

けれど観光客が行く通り_{キャンベルストリート}には売ってた…

帽子Get!

そりゃマレーシア人じゃ
なければ必要な人もいるよね

あと服破けた

上着巻いてパンツ隠す。荷物軽量化のため、毎日洗うことを前提にしていたので替えがない。

ぎゅっ…

あとはパジャマしか…

ワンピースを買ったんだけども

うーん、このシャーリング部分に
空気がこもって暑いんだよね!
せっかくのインド綿なのに…

南国なのに南国分かってない!

マレーシア人歩かないから。車はクーラー
効いてるし、涼しい服は必要ない!

私歩くし…

というわけで、やっぱり着てた服縫って
直して着ることに。

できた…

ついでに帽子にゴムもつける。
持ってきたアイマスクについてたゴムをちょきん。

今までありがとう…

ペナンは風が
強いのよ

さようなら…

ゴムを縫い付ける。

カラール

ひょうたん型の
パットだけが残った。

ペナンの宿はここ。

Old Penang Guesthouse

100年以上前のショップハウス
様式（下がお店、上が住居）の
建物！吹き抜けになってて、
きもちがいい！

旅行者がたくさんいる通り

✉ 53 Lorong Love, George Town, Penang
4人ドミ　33リンギット（885円）

一応朝食付き。パンだけだけど…食べない。。。。

貴重な3食だもの

胃のスペースは
限られている

さて！ここペナンでは、ごはんナビゲーターと合流。

久しぶり〜、夜行バスで来たわ

おいしいとこつれてってもらいましょう

食いしん坊なペナン人のおくさんトモコ。元ペナン在住。現在はクアラルンプール郊外に住む。

コムタから301番のバスに乗ってナシチャンプルランチへ

自分で好きなおかずをよそって、レジで会計するの

なんだこのおかずの海

Nasi Campur Awet Muda
✉ 795- B Lorong Sungai Dua, Gelugor, Penang

MYセレクト
きのこの天ぷら、ナスカレー、えびの卵のフライ、パパイヤサラダ

カレーは具を入れず汁だけなら無料（ノーカウント）よ！

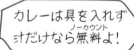

うまっ!! そして安っ！
8リンギット（210円）

サンバルもいろいろ

正午前だとおかず全種類あるから早めに行くといーよ！

ビシャァァ

※サンバルとはマレーシアの食卓に欠かせない辛味調味料

103

ペナンには食いしん坊が多いのである

ペナンっ子のダンナ（マルちゃん）が子どものころこんな家族会議やってたんだって

毎週行われるナシカンダー会議

あそこのナシカンダー今一番おいしいな

幼マル

あっちのは最近味落ちたよね

なんという食いしん坊英才教育!!

リトルインディアにある南インドレストランでドーサを食べていると…

ベジタリアンレストラン!!

Woodlands
🖂 60 Lebuh Penang,
George Town, Penang

割と誇張ではないでかさ…

同席したペナン女子にも食べ物についてあつく語られる。

ペナン人は晩ゴハン食べた後だろうと深夜だろうと、おなかが空いたら車走らせてごはん食べに行くんだよー

そう！ペナン人は、嬉しい時も食べる、悲しい時も食べる、子どもが産まれた時も食べる、お葬式の時も食べる

←つまりずっと食べてる。

こんな食いしん坊ばかりのペナンがおいしくないわけがない!!

そしてペナンといえばー

ニョニャ料理

〜ニョニャ料理とは〜
中国から移住してきた男性と、現地のマレー系女性の混血の子孫を
『ババ・ニョニャ』といい、彼らが伝統的に受け継いできた料理。

ナシウラム

まぜたてふわふわ

さっぱりしておいしい

ハーブがこんもり
入ったごはん

マイルドな牛カレー

四角マメのサラダ

切り干し大根みたいのが
パリパリに揚げた入れ物
に入ってる

パイティー

Jicama

こーゆー野菜使う

パリッとして甘
くておいしい！

ニョニャ料理ってすごく
手間がかかるんだよね。
だから少し高め

インテリアや小物
もかわいいの

Perut Rumah Nyonya Cuisine

✉4, 6, 8 Jalan Bawasah, George Town, Penang

105

ここはニョニャのお菓子工場なんだよー

MOH TENG PHEOW NYONYA KOAY
莫定標娘惹粿廠

娘惹粿廠

莫定標

MOH TENG PHEOW
Nyonya　Koay

MOH TENG PHEOW Nyonya Koay

✉ Lebuh Chulia, Jalan
Masjid, George Town, Penang

かわいい入り口を入り

お菓子工場を抜けると

昔使っていたお菓子の型が
飾ってあったり

クラッシックな電話機が

おお! 現役の
クラッシックな
ラジヲ

今も使ってるのかなあ

工場の奥にはショップ&カフェ

一口サイズのクエだから、いろんな種類が食べられるよ

天井高くてすてき!!

ふつうクエの $\frac{1}{3}$ サイズかな。

こんな量でも2人でぺろり

0.6リンギット（16円）〜1.5リンギット

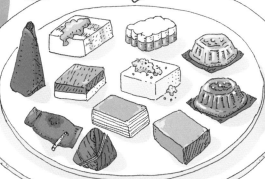

やっぱりニョニャのものはかわいいんだわ

米粉、もち米、イモ、キャッサバをベースに、ココナッツミルク、パンダンリーフなどで味つけ。

ざっくり言うとういろうみたいな

ちまきもうまい!

私はムスリムになったからちまきは食べられないけどね。もともと豚好きだったけど。私は豚の味を知ってしまっているのよ…

結婚による後天的ムスリム

クエは日持ちがしないので今日中に食べる。そう、食べたければここに来るしかない!!

イースタン・アンド・オリエンタルホテルでアフタヌーンティーをしてコロニアル気分を味わう。ホテル1階にあるカフェ、『ザ・1885』（現在は閉店。2020年現在「Palm Court(パームコート)」でアフタヌーンティーを楽しめる）。

こんな人が
お茶いれてくれる　→

定期的に内容変わるよ！

宿泊客じゃなくても楽しめるよ！
歴史を感じるカフェで海を見ながらのお茶は格別！

非日常のひとときを…

✉ 10 Farquhar Street George Town, Penang

マルちゃんにとってはアフタヌーンティーって子どものころの思い出のおやつなんだって。ホラ、お父さんの仕事でイギリスに家族で滞在してたから…

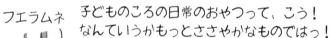

子どものころの日常のおやつって、こう！
なんていうかもっとささやかなものではっ！

フエラムネ

ピー

麦茶

非日常の料金68リンギット。今日の宿2泊分…
日本円にして1820円。日本にくらべると安いけれども。

まだまだペナン  | Maliia Bakery | ✉ 114 Jalan Transfer, George Town, Penang

パンぎっしり目がつまってるごっついパンをチキンカレーにつけて食べる

セットで5.5リンギット

パン$\frac{1}{2}$斤分…

| Deens Maju | ✉ 170 Jalan Gurdwara, George Town, Penang

9.5リンギット

ビシャッ

トモコの教え、カレーの汁はノーカウント！

※よそり直し不可

えびカレー、卵のつまったイカ、もやしのあえもの、トマトごはん

あっ、カレーかけすぎてせっかくのトマトごはんも全部カレー味にっ

自分でおかずを選んでよそるナシカンダー屋さんだよ！インド系のお店はナシカンダー、マレー系のお店はナシチャンプルって言うけど同じ意味だよ。つまりこっちの店はインド系で前行ったAwet Mudaはマレー系ね

| Penang Road Famous Teochew Chendul |

✉ 27&29 Lebuh Keng Kwee, George town, Penang

チェンドルとは米粉のゼリーや小豆が入ったかき氷。ココナッツミルクとグラムラカっていう椰子砂糖がかかってる。

塩が効いてる

やっぱココナッツミルクには塩分必要でしょ

このように、ペナンではマレー系、インド系、中国系、ニョニャ系の味を堪能しました

そうしてトモコはクアラルンプールに戻り、私は次の目的地イポーへ。

またね〜
Jumpa lagi

列車に乗って
2時間弱

← 日帰りで来た。

イポーにつくと、突如中国成分増加!! 7割が中国系の住民だとか。

コンビニも…

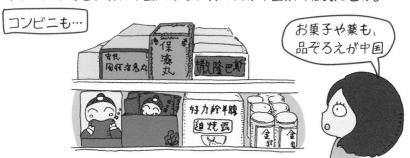

お菓子や薬も、
品ぞろえが中国

コンビニで買ったタオル
→

96 LYNKO

何を意味するのか想
像もつかん…

張り紙さえも…

たくさん観光客来る店だよね

有名店の閉じたシャッターに張ってあった紙。

本店維修中
請往1日街坊二号
第二分支銀1
帯来不便敬希原諒
←

ここは臨時休業中だけど
2号店はやってるって書
いてあるよ

そのへんの人捕まえて訳してもらった。

7割の人が中国語話すので助かりました

イポーは美食の街。チキンライスの超有名店へ。ここまで濃くしてもいいのか!? ってくらい濃厚なダシの効いたタレがもやしにかかっておいしい。

ぷるんとした蒸し鶏のぶつ切り

鶏のゆで汁で炊いたご飯

もやしは全く苦味がなく大根の千切りみたいなシャッキリした歯ごたえ

あなたラッキーよ最後の1人

そういえば直後に入ってきたカップルは断られていたな…

なんとなくいい旅になる予感…

ま☆もう半分まで来たのですけど

となりの席のマレーシア人

Lou Wong
老黄1号店 ✉ 49 Jalan Yau Tet Shin, Ipoh

Foh San
富山茶楼で飲茶も。

タロ芋のコロッケおいしい

広〜い店内！早朝から昼過ぎまで開いている

✉ 51 Jalan Leong Sin Nam, Ipoh

そしてここはホワイトコーヒー発祥の地でもある。持ち帰りホワイトコーヒーinビニール袋。ホワイトコーヒーとはマーガリンを煎った豆を使い、たっぷりの練乳と砂糖を加えるハイカロリー飲み物。

日本だと飲まないけど、マレーシアだと甘〜い飲み物を飲みたくなるのね

111

イポーの宿はここ！ Mari Hostel

キッチン広くて自炊もできるしスタッフとの距離感がちょうどいい宿。

やぁ何食ったんだい？

10人ドミだけど人がいなくて1人で使えてラッキー

✉ 16A Jalan Sultan Abdul Jalil, Ipoh

21.25リンギット＝570円

安い

しかし…デポジットをもらい忘れてしもた。スタッフ出勤前に出発ってこと忘れてて。スタッフが24時間いる宿ばかりじゃないからね

なので私はメッセージ残して去る。

わたしのともだちが来たらデポジットをわたしてください なをこ

部屋の鍵

後日談

1週間後　in Mari Hostel

友人のなをこがデポジットもらい忘れてー

イポーに旅行に来た友人

ナヲコ？

ナウ？

ねぇ、あすこのチキンライス本当においしいの？

ナウコ〜〜！！

いた！たしかそんな奴

ナウコは10リンギット（300円）を回収し、そのまま友人のお駄賃としてあげました。

トーファ
豆腐花3個くらい食べられる金額

112

今日はイポーからクアラルンプールまで列車、そこからバスでマラッカへ。

ほんとは全行程マレー鉄道乗りたかった
けどバスのほうがアクセスよくって…

再びトモコ合流

ペナンぶり一今日は1泊するわ

本日の宿　夜中も車通りが多くちょっとうるさい。

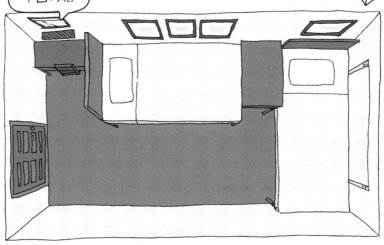

Cafe 1511 ✉ 52 Jalan Tun Tan Cheng Lock, Melaka
　　　　　　　1部屋80リンギットをシェア。

今回泊まりだから旅行用の
お祈りの服持ってきたんだ!!

ポリエステル製で小さくなるんだよ!

柄もかわいい　→

古いお屋敷をリノベーシ
ョンした古い建物で大変
雰囲気はいいけれど…

スタッフさんが寮母
さんみたいだよね

静かに、はともかくシャワー裸足で入るな
とか etc,etc…おやつくれるところも。

113

マラッカといえばペナンと並びニョニャ料理が有名。
早速ニョニャレストランニョニャマッコーへ。

えびせん

オタオタ（魚のすり身蒸し）
ふわっふわ

パパイヤサラダ

アヤム・ブア・クルア
Ayam Buah Keluak

この実はシアン化水素っていう毒があるんだけど1ヵ月かけて毒を抜いて、料理に使うんだよ～。ホントニョニャ料理って手間かかるわ～

ぎっちりした繊維質の梅みたいな味わい

実の中身はほじって食べる

オクラのサンバル和え

サンバル

ぜんぜんサンバル好きじゃなかったけども、この旅でサンバル好きになっちゃった！

デザートはサゴグラムラカ。サゴっていうサゴ椰子からつくられるタピオカみたいなぷるぷるが入っているかき氷。ココナッツミルク＆グラムラカ味

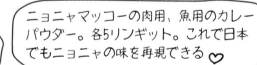

テーブルに置いてある、この使いすておしぼりって有料なんだよ～

ニョニャマッコーの肉用、魚用のカレーパウダー。各5リンギット。これで日本でもニョニャの味を再現できる ♡

ニョニャ・マッコー
Restoran Nyonya Makko

✉ 123 Jalan Merdeka, Taman Melaka Raya, Melaka

114

ニョニャのお菓子工場

Baba Charlie

峇峇査理

あっ野生のバタフライピー

何ここ！住みたい！

工場近くの空き地

2個も食べるとおなかいっぱい！

クエはペナンのお菓子工場で食べたのより3倍のでっかさ。もっともこっちのほうが一般サイズ。米の粒ありと粒なしクエ。お好みで…！

バッ

2リンギット

中に繊維質がたっぷりな甘さ控えめのジャム

パイナップル
←タルト15リンギット

パイナップル→
クッキー20リンギット

マレーシアのお菓子は甘さ控えめ

成田空港のお菓子屋でバイトしたときマレーシア、インドネシア、台湾、香港のお客さんたちに

日本のお菓子甘すぎる！

ってよく言われた。

日本は甘さ控えめって思ってた…それは、アメリカやヨーロッパに比べてのことだったのかな…

たしかにお菓子は甘さ控えめなんだけど、ごはんは甘い味つけが多いのと、飲み物はかなり甘い！

white
coffee

ちまき　甘っ　バタフライピーで色付け

ゴハンが青いのは食欲なくなりそうなもんだがおいしそうに見えるマジック

5.5リンギット

調味料も充実。いろいろ買ってみました

これエビの液体発酵調味料。
すごくしょっぱいけどおいしい

エビサンバル
食べ比べ

4.5リンギット

甘め

辛め

チリ チンチャロ
Cili Cincalok

8.5リンギット

プラチャン
Belacan

炒め物やカレーに入れてもおいしいよ！
これあるとサンバルも作れるしな！

エビの乾燥発酵調味料

6.5リンギット

アンチョビみたいな味だった

砂糖ヤシから作られる砂糖。キャラメルみたいなコクがある。GI値が低めで血糖値が上がりにくい。クエに使われてるのがコレ！ グラ（砂糖）ムラカ（マラッカ）っていう意味だよ。竹に入れて形成するのでこんな形

グラムラカ 5.5リンギット

今日は移動しちゃうのでニョニャ料理食べおさめ

ごはんがこんな
おひつに入って
てかわいい

アヤムポンテ

アヤムポンテはマラッカのニョニャ料理なんだよ～。肉じゃがっぽいから、日本人の口に合うと思う!!

きゅうりにサンバル
は合う！

パイティーは、帽子をひっくり返したみたいな形

ニョニャ料理は味も繊細、見た目も美しい。大好き!!

きゅうりとサンバル
の和えもの

Amy Heritage Nyonya Cuisine
✉ 75 Jalan Melaka Raya 24, Melaka

さらば

そしてトモコと別れ、シンガポールへ。マラッカからシンガポールまでの直通バスに乗る。

5時間で着くとはいえ、710円で隣の国に行けるってすごいわ

国境近くになると渋滞でバスは進まず。

週末だともっとすごーく混むって

出入国

マレーシア側の出国手続きはバスをいったん降りて、荷物は置きっぱなしでイミグレーションに行く

パスポート、貴重品のみ持って行く。 →

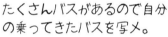

たくさんバスがあるので自分の乗ってきたバスを写メ。

どのバスか分からなくなったら困るし

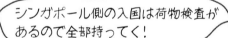

Passport control

シンガポール側の入国は荷物検査があるので全部持ってく！

またバスに乗って橋を越え…

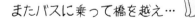

シンガポールに入ったら車窓が変わった

おお！電動キックボード通勤！

S.F.
未来都市か!?

スー

2人乗りも…

シンガポールの家賃が高いゆえ、シンガポールで働き、家賃の安いマレーシアに住む人々の通勤姿。

あとシンガポールすごい！道路に穴あいてない！

マレーシア道路にいっぱい穴あいてる。ぼんやり歩いてると危ない。歩きスマホなんぞ命とり。

穴あいてても問題ない。なぜならマレーシア人は歩か（略）

シンガポール着いたら友だちがバス停で待っててくれてた。

こんなトコまでマラッカからバス出てんだねー。今度週末行ってみるわー

シンガポール在住みゆき

そしてみゆき家訪問

えっ！なんかすごいところに住んでるね

プール付きの素敵マンション!!

収入の半分は家賃で飛ぶってシンガポールでは当たり前なのよ。年々高くなるし。その上シンガポール人優遇政策で私みたいな外国人はいつまでいれるか分かんないしねー

窓からはシンガポールの夜景！

なのに…

共有の廊下に各部屋の靴散乱。

下駄箱は…？

文化？

118

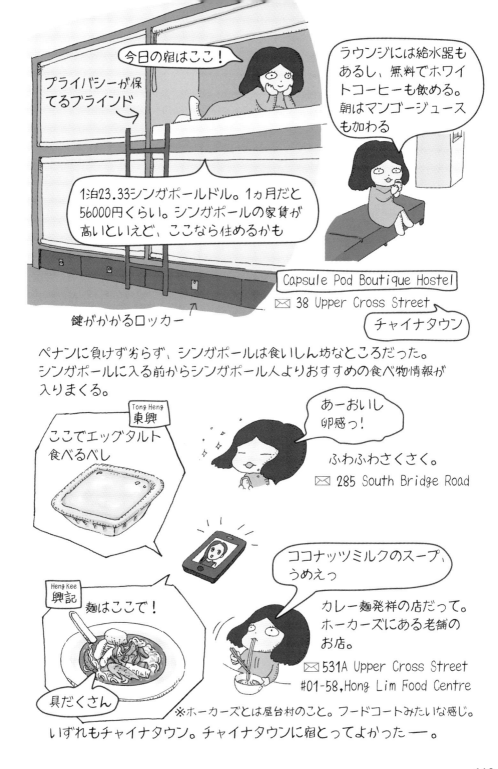

今日の宿はここ！

プライバシーが保てるブラインド →

ラウンジには給水器もあるし、無料でホワイトコーヒーも飲める。朝はマンゴージュースも加わる

1泊23.33シンガポールドル。1ヵ月だと56000円くらい。シンガポールの家賃が高いといえど、ここなら住めるかも

Capsule Pod Boutique Hostel
✉ 38 Upper Cross Street

チャイナタウン

鍵がかかるロッカー

ペナンに負けず劣らず、シンガポールは食いしん坊なところだった。シンガポールに入る前からシンガポール人よりおすすめの食べ物情報が入りまくる。

Tong Heng
東興

ここでエッグタルト食べるべし

あーおいし卵感っ！

ふわふわさくさく。
✉ 285 South Bridge Road

Heng Kee
興記

麺はここで！

ココナッツミルクのスープうめえっ

カレー麺発祥の店だって。ホーカーズにある老舗のお店。
✉ 531A Upper Cross Street #01-58,Hong Lim Food Centre

具だくさん

※ホーカーズとは屋台村のこと。フードコートみたいな感じ。

いずれもチャイナタウン。チャイナタウンに宿とってよかった──。

出会いはネパールで

今夜会うシンガポール人カップルには10年前のゴレパニのトレッキング中に出会った。

現地人に

ゴレパニ？ 散歩みたいなもんだ。その服でOK！OK！

とのせられ

投げ売りショップのスノボジャケット。下は100円ショップの雨具。（途中でビリビリ）

2人は当然ちゃんとした服装＋現地ガイド

スノボジャケットは『防水』ではなく『撥水』だったため全身びしょぬれ。下山後、即病院へ運ばれる…。すみません、若気の至りです…

そして10年後一

子どもたちは乳母（ナニー）に預けてきたのよー

カリンは日本の〝オーエル〟みたいでしょ

銀行の顧客
マネージャー
カリン2児の母

デザイン会社経営
ジェフ　→

うん…でも日本の銀行OLはノースリーブでアシンメトリーなドレスは着ないかな…たぶん…

お土産トレード

パイナップルのお菓子が上位互換された…！！Keleのパイナップルボールもろた。

独り占めしたいおいしさ！！

マラッカで買ってきたパイナップルのお菓子を渡す。→

とりあえず肉骨茶屋へ（バクテー）

ジョボー

汁がなくなったら継ぎ足されるわんこ汁状態。

とうがらし

揚げパン

トッピングいろいろ

煮豆

野沢菜漬けみたいな

えっ、バクテーってマレーシア料理じゃないの？

ちがうちがうぜんぜんちがう

シンガポールのバクテーとマレーシアのバクテーは全然違うものなんだよ

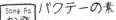
ほんとうだ！スープが透明。漢方っぽいにおいもしない

あっバクテーって健康にいいんだよね！マレーシアではそう聞いたよ

う〜ん…食べすぎなければOKだと思う。毎日はダメだけど1週間に1度くらいなら問題ないかもね

ビニールの手袋で肉つかんで食べる →

Song Fa 松發 バクテーの素 買ってもらった！

国境の

橋を渡っただけでどうしてこうなる…

SINGAPORE
Bak Kut Teh
spices

✉ 133 New Bridge Road, #01-04, Chinatown Point

マレーシアの色

ポークのかわりにチキンで作ってもいいと思う！

121

そして夜のシンガポールドライブへ

でっけえフォルクスワーゲンにて

マレーシアで車持つのってすごく税金かかるんだよ〜。
でもシンガポールってもっとで、1000万くらいかかるらしいよ!

○○ って言ってた。

うん!確かにそのくらいかかるわね。家並み!

もしやお金持ち?

うーん、ふつう!

まーみんながお金持ちならば、それがふつうなのかもね

めっちゃ渋滞してるし

走る家

ガーデンズ・バイ・ザ・ベイのスーパーツリーを見たり

竜血樹

イエメンのソコトラ島の竜血樹のようだ!!

イエメン行ったことないけど

リバークルーズへ…

私たちもはじめて乗る

こんな船

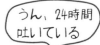

うん、24時間吐いている

2002年に大きいのに変わったよ。昔の小さいのは後ろの方にあるよ

じょぼーーー

すごい!
マーライオンって24時間吐いてるの?

あそこに見えるのが1999年に新築された国会議事堂で、古いのは今、美術館になっているんだよ。あれはラッフルズが1819年に上陸してから150周年を記念して…

なんでなんでも知ってるの?

こーんな

私は地元こんな案内できない

シンガポールはこーんな小さい国だからね! 全部知ってるんだよ!

イナカ育ち

S.F.
こんな未来都市みたいな所で育つってどんな感じなワケ?

なんかすごい光ってるし。

僕が子どものころの1980年代はまだ田舎があったんだよね。僕は田舎生まれ田舎育ち

私は都会っ子だったなー
ずーっと勉強ばかりしてた思い出…

70's後半生まれ

今もシンガポールに田舎はあるの?

80's前半生まれ

ないないないない
全くない!

すべて開発しつくされた。

きっと今日食べたバクテーの豚もインドネシアあたりから輸入しているのだろう。

123

シンガポールは家も車も教育もすごーくお金がかかるんだよ。だからもっともっと稼がなきゃ！カリンは昔デザイナーだったけど、もっと稼げるように銀行に転職したしね！

がっぽがっぽ

そんな転身ありなのか…

おばあさんが潮州出身。

がっぽがっぽ

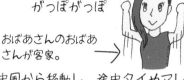

おばあさんのおばあさんが客家。

中国から移動し、途中タイやマレーシアに留まらず、一番はしっこまでたどり着いた人々の子孫…。さすがガッツが違う。

ー最近聞いたほかの国の人々の声ー

元宗主国の人々 ^{イギリス}

ここ数年韓国人はワークライフバランスを大切にしだしたんだよ

韓国人

イギリスは都会の忙しい生活に疲れてスローライフにシフトしているんだよ

『旅のらくが記ヨーロッパ：ピカソ美術館めぐり』参照

このぶんだと、シンガポールまだまだいきそうです。
こうしてシンガポールの夜は終わったー

朝起きると…

朝ごはんはカヤトーストがお勧め！チャイナタウンなら『Killiney』か『Toast Box』が有名だけど、他のも悪くないわよ！

完璧な朝ごはんは1日のはじまりよ

ぶれないシンガポール人

※カヤトーストとはココナッツミルクと卵で作った「カヤジャム」とバターをはさんだトースト。

今日はクアラルンプールまでバスで移動。飛行機使いたかったけど、バスで行ってもクアラルンプールまで5時間くらいだしね。

まぁ国際便になるから2時間前に空港行かなきゃだしロスタイム多いからあんまり変わらないのよね

リトルインディアでバス乗り場が分かりづらく迷う

すみませんバス乗り場はー

なぁに、迷っても心配ないさ。シンガポール人はみんな親切だから連れて行ってくれるからね

結構な距離歩かせて申し訳ないです

よし、僕が案内するよ

インド系シンガポール人

あっ

着いたのか!?

クアラルンプールまで長いから、あそこで食べ物を買って行きなさい!!

TEKKA CENTER

ホーカーズが入ってる →

シンガポールではごはんの心配ない。みんな教えてくれる。バス乗り場はここの向かいにありました。

バスはとっても快適でー

おお！フルフラット。これは180度に近いのでは！

あひょっ

バゴン

あ！そこ壊れてるから違うトコすわって

200度

不吉な予感が…

クアラルンプールまで21ドル。
Star Qistna Express

クアラルンプールまで2回バスが壊れた。
代替バスも動かなくなり、次のバスに乗客
が詰め込まれ、予定外のロスタイム。

通路にまで人が詰め込まれているの
を見るのはラオスぶりだなぁ…

乗り切れず通路に座ってる人。

まさか未来都市からの
バスでこうなるとは。

ホーカーズで買ってきた
カヤトースト食べる。

5時間で着くと思ったら10時間かかり…。

さすがに疲れた…。宿近くのチャイナ
タウンでサッと晩ご飯をすまそう

まずは糖分補給ね。

乾燥龍眼が入ってる。黒糖の
甘さが疲れをとってくれる…

ご飯前でも罪悪感
のないおやつ

龍眼はこんな
フルーツ

ロンガンスイ
龍眼水

2リンギット

豆腐花 1.7リンギット

さて、最後の晩餐は
何にしようかな〜

ん？ 土鍋ご飯の
屋台か…

土鍋ご飯の
メニュー見てる人

えっ

1年前カシュガルで同じ宿だったタカシマ君と遭遇。

たっ…たしかバンコク在住ではっ

今、タイのビザ延長手続きでここに滞在中なんだよ

バスがあんなに遅れなければ、チャイナタウンに宿をとっていなければ…

…まぁ旅行歴長いとたまにこーゆーこともあるよね

ウユニ塩湖で同じ車に乗ってたイギリス人に1年後、ミャンマーのインレー湖のほとりで会ったことも…

信 じ ら れ ん っ
Incredible!!

って単語そのとき覚えた。

ないない

せっかくなので2人で土鍋ご飯食べた。2人で44.5リンギットのお得なセット。

珍妙な味

おこげが懐かしい味

ふつうに野菜炒め

魚介のホイル焼き

鶏の土鍋

スープ

日本人と土鍋をかこむ異国感のない最後の晩餐

悪かったなっ

本日の宿はここ。

Space Hotel @ Chinatown

✉ No 5-2 & 5-3, Jalan
Petaling, Kuala Lumpur

チャイナタウンのすぐそばにある宇宙
をテーマにしたカプセルホステル。

下の階にワープで
きるチューブ

鍵がかかり
個室になる

受付のわきには
こんなヒトがいます

いろいろ買い込みすぎて荷物が増えた。エアアジアの機内持ち込みは
7kgまでである。荷物預けは有料のためすべて機内持ち込みにしたい。

チェックインカウンターで

手荷物重量オーバーしてますョ！
預け荷物の追加料金をいただきます

と言われないように

Air Asia

ぱんぱん

とにかくバッグを7kg以内にすればいいのである。

ガイド
ブック

パソコン

7kg

リスのほお袋作戦だ！

パジャマ →

無事通過ー

128

きゅいん

LCCの気楽さは旅のハードルを下げるな。友だちが引っ越してもすぐに会えると思ったら寂しくないし。久しぶりの友だちにも会えたしね…

いい時代に生きてるなぁ…

しかし羽田に着いたが2時間遅れ…
終電に間に合わず空港野宿の場所争奪戦…

あやっ

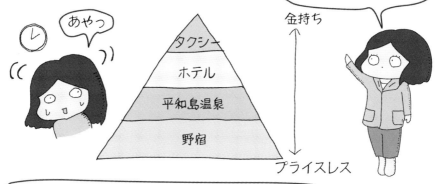

終電に間に合わなかったときの選択肢はこちら

金持ち

- タクシー
- ホテル
- 平和島温泉
- 野宿

プライスレス

LCCは遅延してもホテルや交通手段の補償はないので、このような空港野宿になることもあるけれど…

あと乗り継ぎ補償もない。（エアアジアのFly-Thruだと次の便に乗せてくれる）

今夜の宿はこちら

0円

成田空港1階ベンチ

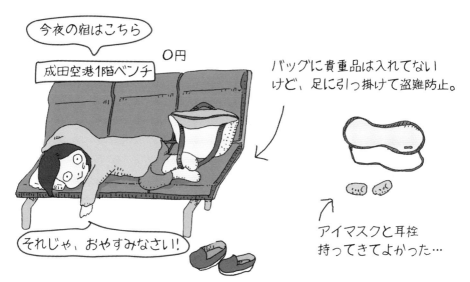

バッグに貴重品は入れてないけど、足に引っ掛けて盗難防止。

それじゃ、おやすみなさい！

アイマスクと耳栓持ってきてよかった…

129

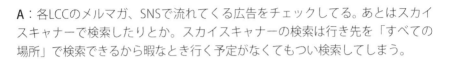

マレー半島から帰ってきたけど質問ある？

Q：LCCのセール情報ってどうやって探すの？

A：各LCCのメルマガ、SNSで流れてくる広告をチェックしてる。あとはスカイスキャナーで検索したりとか。スカイスキャナーの検索は行き先を「すべての場所」で検索できるから暇なとき行く予定がなくてもつい検索してしまう。

Q：LCC使うときの注意点はある？

A：日程変更が効かないこと。遅延しても乗り継ぎ補償対象外。エアアジアのフライスルーというサービスを使ってとると、遅延しても席が空いていれば次の便に乗せてくれる。今回みたいに遅延しても宿の補償はなし。
アメニティはないので空調調節用にブランケットか上着などが必要。アイマスクと耳栓、マスクがあればかなり快適。機内食も水もついていない。機内で機内食を買う場合、スクートはカードも使えるけど、エアアジアだとカードも小銭も使えずお札のみ。1万円だしたらお釣りが全額マレーシアリンギットで返ってきてしまう上、レートも悪いのでリンギットの小額紙幣残したほうがいいかも。あとは座席指定も荷物預けも有料。
機内持ち込みの既定の重量をオーバーしてたら、預け荷物オプションをつける必要がある。カウンターで追加すると高いので、既定内に荷物を抑えるかあらかじめ申し込んだほうが安い。電子はかりもっていくと便利かも。

Q：あとLCCは他と違う点はある？

A：LCCは片道単位なので、今回みたいに、往路はノックスクートの成田発バンコク、復路はエアアジアのクアラルンプール羽田とバラバラに買うことができる（普通の飛行機の場合、たいてい安いチケットは往復単位なので、片道ずつ買うと高くなる）。
往復単位だと行きに乗り遅れた場合、帰りは自動的にキャンセルされてそのチケットは無効になるけど、LCCは片

LCC各社機内持ち込み手荷物重量

スクート	10kg
エアアジア・エアアジアX	7kg
ピーチ	7kg
ジェットスター	7kg
セブパシフィック航空	7kg
ベトジェット	7kg
香港エクスプレス	7kg
春秋航空	7kg
タイガーエア	10kg
イースター航空	7kg＋ノートPC
チェジュ航空	10kg

2019年10月現在

道単位なので帰り分がキャンセルされることはない。ただし、今回みたいに航空会社を行きと帰りで変えると往路で航空会社の落ち度によりフライトキャンセルされた場合、往路の返金は保証されるけど、復路は補償対象外なので注意。

Q：宿やバス、列車はどうやって予約したの？

A：アプリを使ってた。バスと列車の交通は『Easybook』。行き先までの便が頻発している場合は窓口に行って直接買うこともあった。
宿は『Booking.com』や『Agoda』。タクシーは『Grab』を使った。

Q：どうやっておいしいもの見つけたの？

A：大抵は地元民のおすすめに行った。みんな地元の食べ物にはこだわりがあって。ペナンもシンガポールもおすすめが多すぎて行ききれなかった。ほんとうにどれもおいしかった。一方、自力で適当に入ったのは、いまいちだったのもあったかも。

Q：どの国のご飯が一番おいしかった？

A：難しい質問…どこもおいしかったけど、ニョニャ料理が世界で一番好みかもしれない。でもタイも捨てがたいし…シンガポールも…その質問は保留で！

Q：この時期（2018年7月前半）暑くなかった？

A：日本が猛暑で、どこの気温も日本より低かった。それに建物の造りが南国仕様なので風が通るし、さほど暑さは感じなかった。

バンコク・カオサン通りかき氷屋

Q：ずいぶん久しぶりにあった友だちもいたとか。

A：SNSでうす〜くつながってて、投稿見てくれたようで、行くって書いたら現地の友だちからいきなり連絡きた。それで会うことになったけど、みんな他の国で出会った人たちだし、年月もたってたから、イメージと違っててびっくりした。自国にいるとこうなんだな、旅先の姿は仮の姿なんだなと思った。それは私にも言えるかも。

Q：総額いくらかかった？

A：14日間で現地58164円。航空券も合わせると21466円で合計79630円。そのうち宿代合計は17995円、現地交通費の合計は11084円、食事代合計が29890円と現地でかかった費用の半分。宿は主にドミトリーに泊まり、食事はわりとぜいたくに、お土産をそこそこ買って1日平均5688円といったところ。

たいていの宿ではドリアン持ち込み禁止

ペナンのナシカンダー屋。好きなおかずを選ぶ

マレーシアのお土産のおすすめ、それは―

> ヨーロッパのバターを買う！

マレーシアは関税の関係と2018年6月より消費税が無くなったために、ヨーロッパのバターが安く買えるのだ。日本だと1000円～2000円のバターが数百円で!!

> すごーくさっぱりサラッとしたグラスフェッドバター

アイルランド産
Kerrygold
227g
11.09リンギット

> さっぱりと濃厚の中間といったところ

フランス産 Lescure
250g 18.86リンギット

> 濃厚!!一番好み

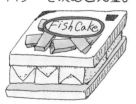

フランス産 Isigny 250g
16.99リンギット

> 機内食でよく出る。
> そのとき、やたらおいしいバターだなぁ…と思った

デンマーク産 Lurpak
200g 13.95リンギット

保冷剤がわりに冷凍食品でバターを挟むと完璧。

> 冷凍すると日持ちするよ

預け荷物をつけてないときは、機内の液体物持ち込み制限のため100ml以下に切ってファスナー付きビニール袋に入れるか、もとから小さいバターを買うとよい。

※乳製品は個人消費10kgまで日本持ち込みに際し検疫不要です。

（2019年10月現在）

LCCは現代のどこでもドアである

安く行って寝ておきたら異国ってトコが。

今回は成田→バンコク片道10,300円（ノックスクート）
クアラルンプール→羽田片道11,166円（エアアジアX）を使ったわけだが、
思い起こせばエアアジアX日本就航以来－

外国にこんな安く
行けていいのぉ～

エアアジア・X
羽田⇔クアラルンプール
往復14,090円

あまりに安かったので
友人たちを誘って総勢
14人で行った！

セブパシフィック
成田⇔セブ
往復6,917円

週末弾丸旅行って一度やってみ
たかったの。OLっぽいことを

カンジャンケジャン食べに。

エアアジア・ジャパン
成田⇔仁川
往復12,000円

まさかバリにこんな安く
行ける日が来るとは。
興奮して初就航便取った

エアアジア・インドネシア
成田⇔デンパサール
往復14,250円

－おまけ－

LCCではないけど安かった

天津航空

なんと天津でトランジット
ホテルついてた。
羽田⇔西安
往復9,896円

兵馬俑（へいばよう）みちゃった

LCCは預け荷物や機内食は有料だけど、もともと
荷物多くないし、ご飯は陸で食べるからいーや

↖って人が向いている。

中国 少数民族いまむかし

西江（シージャン）・元陽（ユエンヤン）をめぐる旅

私はある村へ向かっているー

その村までは深圳（シェンジェン）から高速鉄道とローカル線を乗り継いで7時間ー

ただいま桂林を通過中。
水墨画のような雅な車窓。

ガラガラ

昔はバスを乗り継いで30時間かかった。
あれは15年前のことー

2003年
西江日記

2003年12月ー

ガタガタガタ

マスク代わりにマフラーを巻くテクニック

私は西江へ向かうバスの中にいた。バスがオンボロだから、振動で閉めても閉めても窓が開いちゃう…。土ぼこりが窓から入ってきてもくもくで前が見えない車内。

← 誰かがタンを吐いたあとが放射状に残る窓

トラや山賊が出てきそうな山道っ！

トラは絶滅しかけてるから出ないけどね

このような舗装されてない山道を進みました

そもそものはじまりはさらにさかのぼること2年前のラオスのムアンシン —— 私は独自の文化を持ち暮らす少数民族に出会った。

ヤオ族　　アカ族　　黒タイ族

見て！ こんなデザイン日本で見たことない！ 世界にはこんな人たちがいるんだなって思った！

黒タイ族の頭に巻く布

中国はもっともっとだよ！少数民族の宝庫だから

当時電気が通ってなく、自家発電のため薄暗いゲストハウス

ぎゅっ…

宝庫…！

そしてその2年後中国へ…というのが私の少数民族をめぐる旅のはじまり。しかし2007年の旅を最後に中国から足が遠のく…

理由？ ほかの国にも行きたくなっちゃって

はじまり、はじまり

今回久しぶりに印象深かった村を再訪することにしました。10数年で村はどう変わったのでしょうか。変わらないものもあったのでしょうか。

長い長いバスの後、ようやく人江（ツォンジャン）という街に着き宿のフロントにて

中国語わかんない

筆談すれば日本人は全部理解できると思われている誤解が…

OK

たぶんこれだな！

日本人不要ビザ

この年9月に日本人の14日以内の観光ビザが免除されたばかりで田舎までは周知されていなかったんだよね

翌朝、私は西江行きのバスに乗り、すし詰めの車内で
隣の席の子どもに蹴られ続けていた

何族か

日本人です

ゲシ ゲ

おーい周奇(ジョウチー)!!

ハロー

あなたはどうして
西江に行くの?

私は苗族(ミャオ)に会うために来ました。
私は少数民族が好きです

これだけ中国語練習した。

私も少数民族だしこの
バスみーんな少数民族だよ

え

この人苗族に日本から
会いに来たんだって!

ドッ

141

西江につくと

ど ―――――― ん

日本昔ばなしのような懐かしい感じの風景！

西江はたくさんの苗族の家があることから千戸苗寨（チェンフウミャオジャイ）と呼ばれているよ。家は吊脚楼（チョウキャクロウ）という山の斜面を生かした建築なんだよ

周奇のおうちに泊めてもらうことに。小学生の弟と近隣の村から学校のある西江に来てアパートで二人暮らし。

おとなしい弟→

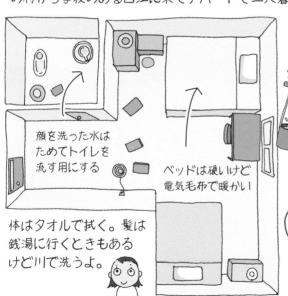

顔を洗った水はためてトイレを流す用にする

ベッドは硬いけど電気毛布で暖かい

体はタオルで拭く。髪は銭湯に行くときもあるけど川で洗うよ。

水道はないので毎日水をくみに行くよ

校庭の湧水へ

試しに持とうとしたらびくともしませんでした

村を散策。駄菓子屋発見

のしいか？

同じのください

あげる

花椒と唐辛子が
たーっぷり。
辛さの英才教育が。

がらーい
麻辣

それは苗族のお
菓子なんだよ

路上で買い物。　肉や野菜を売る5人くらいの売り子がいるのみ。冷蔵庫はないから肉は毎日買う。

豚1頭分

食材を持って学校へ。街灯もないし、
家の明かりもうすぼんやりだから校庭
から星がよく見える。

うわぁ！星が
すごくキレイ

こんな階段を上ると…

かくし部屋？

ギィ…

共同キッチンがあった。
油で汚れないよう壁に新
聞紙が貼ってある

143

145

2005年―西江　このころ中国で国内旅行が急速に流行りだしており西江にも観光客が増えつつあった。しかしインフラはまだで宿は少なかった。

数少ない宿の争奪戦に負けた

周奇を訪ねたけど…

周奇は貴陽に引っ越しちゃった

そっか…写真持ってきたけど渡せないな

もともと、この村の人じゃないもんな

この辺に泊まれるところありますか

うちに泊まるといいわ

農家の若いお嫁さん

こんな部屋に泊めてもらいました。伝統的な西江家屋だが中は近代的

ベッドに入る前は足を洗う

お湯

晩ご飯にまじる。やはりこの手の鍋にはあのタレがついている。そして苗族の皆さんが白族(ペー)のドラマを見ているのがシュール

テレビは必需品なんだなぁ

トイレに電灯はないので懐中電灯必須

辛い鍋
甘く炒めた豚肉
豆の皮っぽいもの

こんなわけで2005年には西江で旅人を家に泊めるという新しい商売ができつつあった。

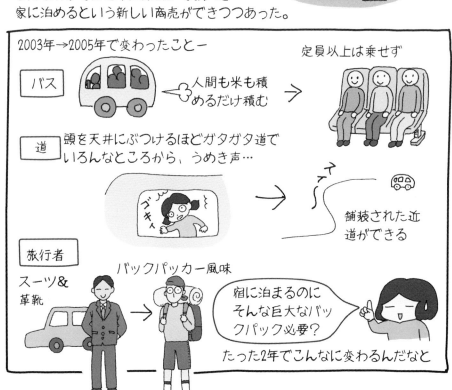

2003年→2005年で変わったこと―

定員以上は乗せず

バス　人間も米も積めるだけ積む　→

道　頭を天井にぶつけるほどガタガタ道でいろんなところから、うめき声…

ゴキッ

→

舗装された近道ができる

旅行者　バックパッカー風味
スーツ＆革靴

宿に泊まるのにそんな巨大なバックパック必要？

たった2年でこんなに変わるんだなと

では、15年たった2018年の今ではどう変わっているのだろう

お金入れるところがない！…駅の自動販売機はQRコード決済のみ。なにこのSF感…

凱里南駅からは西江専用の観光バスで。人数集まったら出発とかじゃなく、時刻表通りに走ってます

ドーーン

村の手前に着くと、観光客向けに歓迎の舞が一

え

え？ 入場料かかるの？ 100元？！（1500円）

かつら

ゆるダンス

下部分も布のかつらってこと？

布

踊り子たちのバイトが終わったらしく村中心部へのシャトルバスに一緒に乗る

西江中心〜

！

メインストリート

道全部が遊歩道になってる！なにこの原宿感

Before

路上の売り子が数人

川はこんな

Before

単なる川だったのに…

立派な屋根付きに…
ライトアップされてるし

周奇のおばさんの家の辺り

Before

ぽつんと一軒家…

古い風な新しい建物が増えて全くわからん。
しかもほとんど宿…私の酸菜が…

149

村の中心

Before

えっ、シンボルどっか
やっちゃっていいの？

一体ここは私が前に来た西江なのだろうか。
以前は無かった『西江名物』があるし

爆竹…

西江名物

ツノニガウリ
火参果
頭を切ってストローで飲む

西江名物
Bacon

ベーコン

お茶碗をしゃもじ
代わりにする

なんらかの振る舞いご飯だ
けど、何のお祝いか不明。

白菜とベーコンの大変
おいしい鍋でした

この新名物ベーコンは西江のいたるところで見ることができる。洗濯物干してあるのかなって思ったら

肉<small>だし</small>

民家の軒先

洗濯してるのかなと思ったら

じゃぶ じゃぶ

肉<small>洗ってたし</small>

もぐり

新名物は西江の人たちのいいバイトになっているようだ

今や宿は過剰供給気味。いい宿にシーズンオフ料金（100元）で泊まれた

美しい遠景は変わらず。いや、むしろ増築されてパワーアップされているが…

雷山西江枫叶蝴蝶度假酒店
✉ 西江千戸苗寨景区内也东寨一组

もう昔の西江はないんだなぁ。変化はいいも悪いもないし、単なる通りがかりの私が昔のほうが情緒があったなんて思うのは、一方的な思い込みで妄想だな。人々が豊かになることは素敵だしー

151

お湯が出るのは快適だしね！

※サービスシーン

わしゃ

わくや

そーゆーのいいから！

一期一会

私はその時の旅を大切にしたいなって思った。今回の旅は今回だけ

あと、ご飯の選択肢は確実に増えておいしくなったな！

名物ベーコンがのっているおこわ

あ

ぱく

これって…

最後に懐かしい味（酸菜）に遭遇。変わらぬものも共存しながら残ってるんだなぁ

次は昆明へ

凱里南から昆明に3時間で着いた。前回行ったときは12時間以上…。アプリで宿予約…っと。まー情緒がどうのって言ったけど、テクノロジー最高

筆談の代わりに翻訳アプリだし。地図アプリさえあれば方向音痴でも迷わないしね

あれ？

ぐるぐるMAP

宿

アプリの通りに行ったら警察署に着いた。
地図が違っていたらSIMも無力…

若ポリスメン

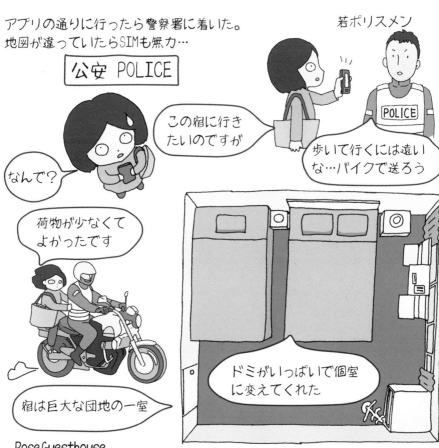

公安 POLICE

この宿に行き
たいのですが

なんで？

歩いて行くには遠い
な…バイクで送ろう

荷物が少なくて
よかったです

宿は巨大な団地の一室

ドミがいっぱいで個室
に変えてくれた

Rose Guesthouse
✉昆明,官渡区,世紀城沁春苑7株4単元1K　　　ドミで1泊38元（680円）
地下鉄珥季路站から車で5分

ラウンジにはウェルカムフルーツと
中国各地から来た若者がたくさん

はい、柚子（ゆず）

でかっ

りんごも
あるよ

四川出身の
オーナー →

中国の柚子は（ザボン）グレ
ープフルーツのようで大変美味

153

みんなでご飯を食べに行くことに。

浙菜館

柴火鶏

こっちにしようぜ

いやーこっちだ

ばっ

柴火鶏　メニュー

チャイホージー
柴火鶏になりました！

コーン粉を練って鍋肌に張り付けてパンを焼き、フタをかぶせて蒸す

お店の人がテーブルで作る。

辛いものが食べたくて食べたくて

これ、四川省の料理？

発祥は貴州省だったよな

四川省

浙江省

湖南省

貴州省

浙江料理がよかったなー

いやー今や柴火鶏は中国どこにもあるからなぁ

できあがり。

鶏肉、トマト、豆腐、こんにゃく、にんにくごろごろ。パンはスープに沈めて食べるよ。

154

親切で洗練された若者たち。みんなかしこそう。

コップが空になったら
ついでくれる浙江省

スチャッ ✧

よそりやすいようにおた
まにのせてくれる湖南省

甘いお茶、王老吉（ワンラオジー）。
辛い鍋に合う。

辛さに強いことを証明しよ
うと唐辛子を食べる四川省

いーや、そっちじゃない。
こっちの黒いのじゃないと
証明にならん

俺は週に2回火鍋を食べる
四川の男…！ こんなもの
はデザートだ！

どす黒いの

赤いの

はっはっは

はっはっ

ぱくっ

ボォン

ハァハァ

四川省出身だ
ろうが辛い物
は辛いようだ

王老吉おい
しいなー

かしこ…？

そして全員分四川省のおごりに

えっ、いいの？

まー初めて昆明来た
記念ってことで

…わたし3回目な
んだけど

え

155

駅から遠いので、地図が間違ってなかったら泊まることのなかった宿。たまたまの積み重ねでこんな楽しい出会いも。たまたまってまさに旅だね！

昆明に来たらまた泊まる！

さて、ここからは再び本番、少数民族の旅に戻ります。昆明からバスで元陽へ。

しかし席はチェーンスモーカーの運転手の真後ろだったー

ご゛ふっ

ご゛ふっ

まさかまたマフラーすることになろうとは

休憩のトイレもこの昔ながらのタイプだし。このルートはバスの古さも、かかる時間も昔と変わらず…

ご゛ふご゛ふっ

元陽の小さい村へ行きます。しかしその村がどこにあるかわからなく、たどり着けるかは…謎！

では、行ってきます！

ご゛ふっ、ご゛ふっ

156

157

2003年元陽、新街鎮—わたしは哈播行きのバンの中にいた。
（客が集まらないと出発しない）

元陽の中心は南沙鎮と新街鎮に分かれており、南沙鎮は行政と交通の要所で、新街鎮は棚田観光の拠点となる街だよ

ポリ ポリ

もう2時間も待っている…

隣の哈尼族の美少女↙

いつになったら出発なのかねぇ。食べる？

お祭りに行くのですか？ 私の村に来てください。お祭りは明日からなので、泊まって朝に行くといいです

えっ いいの？

ばっ

我喜欢你
あなたがすきだから

でも無表情
林静 16歳

筆談で告白されたはじめての体験

客も集まり山道を走ること2時間—

ここで止めて！

キキィ

けもの道を数分登ると…

ぶぉん

！

ハァ
ハァ

158

そこには小さい哈尼族の村があった

おーっ！

おかえり

林静おかえり！

冬も外で食べる。どこまでが家族か不明

将来イケメンになりそうな弟

ご飯をいただく。この村も祭り前夜のためごちそう

ひっくり返した竹の籠がテーブル代わり。魚の干物、菜っ葉、豚の皮の揚げ物

↑
林静のおかあさん
三つ編み

誰の子どもかも不明

各家にトイレはなく、村に2ヵ所だけあるトイレはこんな

女　男

泊まったのは林靜の家の離れ

このようにつっかえ棒にする

でかっ！

あんまり役に立ってないような…というかそもそもいらないような

はい！鍵

使いませんでした…

コメを持った何人もの村人が同じ方向に歩いて行く

気になるのでついて行ってみました

なんだろう。お供え？

ズコ ゴ ゴ

ゴゴゴ

ゴゴゴゴ カゴゴ

ズゴゴ
ズゴゴゴ

上から米を入れ
下から餅が出る。

バシュー

モチマシーンだ！
めっちゃ並んでる！

そうしてできた餅を持ち帰り、スパイスをほんのりつけてバナナの葉にくるむ。

柏餅だな！

いや、
バナナ餅？

亜熱帯気候なので
バナナの木がその
辺にたくさんある。

夜は母屋の土間で団らんタイム中

冷蔵庫はないので
干し肉がたくさん

ガンガン

ガンガン

ホラ！

なんの音？

161

そうして彼らは次の家を襲いに行ったのであった

163

次の日の朝、村の入り口まで送ってもらう。紙と竹でできた門があった。

ここが本当の入り口だったらしい。けもの道は近道だったのね

写真送りたいから住所を書いてくれる？

ここは夏娘（ガニャン）っていう村だったのか…

云南省元阳县
夏娘乡供电所
林静

そして夏娘を出て1時間、本来の目的地だった哈播へ

歓待のダンス

ふるまい酒

…を撮影する中国人カメラマン集団

哈尼族の村だから夏娘村と同じ踊りだ！でも、こっちのほうが洗練されてる！

カラフルな卵入りバスケットをもらう

しかし、村の入り口から奥まで並べられた机にはまだ何もなく──

早すぎたか〜

そんななか、おじいさんが現れ手招きされる

ついて行くと

食べなさい

無表情

ス…

山のごちそう料理が主！

魚や豚肉、ヤモリや幼虫その他昆虫など

そろそろはじまるのでおじいさんにつれられ祭りへ

おおっ

165

ハーポ
哈播、長街宴
料理はおじいさんの家と同じメニュー。村人たちで協力して作っているのかな。

スッ…

いきなりウェーブが
はじまる

うおお　うおぉ　うお　おお

ウェーブは2ヵ所からはじまったり

うぉーー　うおー　おお　うおー　うぉお　うおお　うい…　…

しかしそのうちお酒が
回ってこんなことに…

ーという…

2003年
元陽日記

大晦日から元旦にかけての
できごと！ 今回もお祭り
に合わせて来たんだ！

しかし、夏娘村に行けるかどうか。
一度行きそこなったことがあって…
それが4年後のこと—

2007年
元陽日記

2003年
元陽日記

— 時は2007年、元陽の新街鎮にほど近い老勐（ラオモン）のマーケット

いろんな民族が集まって華
やかで見ごたえがあるけど
観光客が多いなぁ…

えっ！マジか。僕が老勐に行ったとき
はその宿で初めての外国人ってことで
ちょっとした騒ぎになったんだよね

そしてようやく新街鎮へ

うーん、私はもっと人々の
生活のなかに入っていく旅
のほうが好きっていうか

広州人のなかに入っているとはいえるが

そんななか、夏娘行きのバス発見

Xiaolongのみんなにあいさつも
そこそこにバスに飛び乗る

あれ乗るっ

夏娘村のみんな
元気かなぁ

あれ？

口偏がついているっ！
林静のメモには「夏」娘村って！！

夏娘乡
林静

確かになにか違うなって…

バスの中で気になる
ハイヒールマダム

…終点まで乗って新街鎮に戻る
か…ハンパなとこで降りるとバス
をキャッチするの難しいし
Xiaolong疲れで動きたくないし

トカゲは優しい縛
り方じゃないから
ペットじゃなく食
用なのかな

おいしいのかな

貴州省で双江と从江を
間違えた前科あり

嘎娘に着くと―

あれ、黒い道路？

―と思ったら一面のハエだった

おお、歩くとハエが
飛び立ち道が割れる

せっかくここまできたので村めぐり

何族か？

日本人です

ここも哈尼族の村のようだ。
哈尼族の人たちにはいつもご飯
を食べさせてもらってるなぁ…

そうか！ご飯を食べて
いきなさい！座って！

ジャー
コンコン
ジュー

その辺歩
いてる豚

泊まるところ
あるの？

ウフフ

村の子どもたちが集まってくる

街の宿に泊まることにしたよ。
宿は1軒だけ営業してた

戻ってきます

僕たちの英語の先生の
とこに連れて行きます

学校

村エリア

街エリア

先生！

アイウズベリーアングリー！

もっしゃ
もっしゃ

！

皿の中に落ちるハエをよけな
がら食べる

アングリーじゃなくハングリーって言っていたのか！

怒ってると思った。
だってあなたの顔
すごく怖い

…

何て失礼なことを…

写真見ると若い
ころの大杉漣に
似たイケメンや！

学校に泊まることに

← 炊飯器

荷物と返金を宿から
取ってきてくれた

ホレ

えっ!?

すみません

いいのよー

普段は女性教師2人でシェアしてる寮。高台にあ
るためか、涼しくハエは1匹もいませんでした。

173

次の日の朝、先生にバス乗り場まで送ってもらい―

あのう…

ひきつった笑顔

写真撮りたいから笑って

あっ全然村見てない！

ということがあった…

まさかっ

しかし口編のあるなしで間違えるとは日本人ならではというか。日本語って「門」を「门」って省略するし…

んっ、省…

中⇄日翻訳者カイ

台湾の友人にメール

パチパチ

今夏娘っていう村に行こうと思っている。中国語で「嘠」を「夏」って省略することある？

どうかなぁ。夏って字初めて知った。その名前は雲南ぽいってことしかわからないかなぁ…雲南省の少数民族って娘って字をよく使うイメージ。あと、雲南の夏娘村って中国語で検索しても出なかったよ

2007年バスに乗った時違和感がなかったっけ…そうだ、方向が違うって思ったんだ！

やっぱり、嘠娘村は夏娘村じゃない…！

174

175

！

ばっばっ〜

え？
何？

これは俺だ！

これは俺の村だ。そして
村の名前は『夕沙』村だ！
　　　　　　ドゥシャ

15年目にして知る本当の村の名前！

許 暁強
云南省
夕沙村

えっ

そして本来満員にならないと出発しないはずの
バンが私1人乗せて急行している ——

哈播と夕沙村とどっち行く？
今、林靜は哈播に住んでて

林靜に
会いたい！

あ、林靜？今15年前
に来た日本人が…

—— 村人たちの劇的ビフォー
アフター見せられながら

え、まさかこの人は…

そして哈播着！ー
控えめだった美少女は15年後ー

Before

After

コラー！

ーたくましい
お母さんになっていた。

林静のアパートはコンクリ製の集合住宅

まな板は今も昔も床

でかいITV

ウォーター
サーバー

林静は子どもと旦那さんの3人暮らし。現在旦那さんは出稼ぎ中

赤米

ネギ
葱入り卵焼き

青菜

おいしい

林静は自分は昨日炊いた
ご飯を食べて私には炊き
立てをよそってくれた

このベーコンは西江で名物として売られていたやつだ…！
いずれかの民族が発明して広まったのだろう。

その後、林静が雇われ店長をしているジュース屋へ

ドドド

コラー！

ピッ

ここでもＱＲ決済

近所の子どもたちの人気店。

好吃　好～　♡
おいしかった　また来る　Love❤　👍

林静はこの上の階のホテルの管理人も兼ねている

しかし…こんな観光地でもなくなんでもない時期に
外国人が来るとすぐ知れ渡るようで─

なぜこんなど田舎に？

むー

写真をみんなに渡しに

また来ます

ありが

なぜ渡しに？

渡したかったから

警察に初取り調べを受けた。
こんなど田舎で堪能な英語で…昆明でも白バイにお世話に
なったけど今回そっちの意味でお世話になっちゃうの!?

ガシャーン

しかも警察署が店の斜め向かいで本日そっちにお泊まり!?

これは単に仕事で…
日本語しゃべる友人
呼びます！

昆明の工科大学卒業の
エリート・哈尼族

こんばんは！なんで
こんな所に日本人が
いるの？

ガソリンスタンド経営者
・漢族。福建省出身。
日本に4年留学歴あり。

…こっちこそなんでこん
な所に日本語しゃべる人
がいるのと聞きたい

次の日、ご飯を食べさせてもらったおじいさんの家へ

哈播はこんな所。祭りが行われるのは村エリア

村エリア

哈播 坂

警察

ジュース屋 ＆宿

街エリア

林靜のアパート

下だけ哈尼族の衣装の人多し
↓

この人の家に行きたいんですが

あの…彼はね…
あ、彼女は彼の娘さんよ！

うわぁ！あの時の

ご飯食べた？家きて！

15年前のたった数時間のことを覚えてくれていた。

でも、おじいさんちょうど1週間前に亡くなっていて…

えっ

おばあさんが私の持って行ったおじいさんの写真を離さないで私の腕をぎゅっとつかんで泣くので…

泣く必要なんてない

と言いつつ泣く

お父さんは亡くなったとき71歳で…

私も泣けてきてしまう

えっ、ってことは会ったときはまだ50代だったの…ずいぶんおじいさんに見えたけど

トイレットペーパー

チーン

少数民族の人生早い

そしてご飯をいただく

カリカリに揚げた鶏肉

青菜の漬物

あのベーコン

おかき

タレ

青菜
味のないゆで
汁も飲む

庭には段ボールでできた
自家製ブロイラー箱 ↓

ご飯は、こんなキッチンで作られる

さっき食べた
鶏かな

電気調理器も
混在するキッチン

← 中華鍋の上にやかん

今日はどこへ行くの？

昔ここに来る前に
多沙村に行ったので
村を見に行きます

多沙村の写真

林靜

あ、林靜！彼女は私の
従妹（いとこ）なのよ。今哈播に
住んでて。会った？

昨日会いました…！

15年目にしてはじめて
知る事実…！

おじいさん ♡ おばあさん — 姉妹

娘さん — 従姉妹 — 林靜

私はこの一族が何
か食わせたくなる
顔なのか…

当時3歳だったおじいさんの孫は—

Before

After

I…am a high school student…

高校生に。南沙鎮で寮生活。電話で頑張って英語で話そうとしてくれる。

ライライ
来々…(また来るんだよ)

ぎゅっ…

強い力で

うん

最後におじいさんも一緒にみんなで写真撮る

夕沙村へ行く前に林静の弟のところへ寄る。弟は大きなバイク修理店を経営。そして3人の娘のお父さんに

かっぷく
恰幅が良くなっている…! 相変わらずイケメンだけど!

大人になっても無表情

ご飯食べたか？

いや、さっき…

はっ！

毎回食ってた奴

カ——ッ

ごはんたべた？
そしてこの時「你吃饭了吗？」は単なる挨拶と気づいたのである

182

この子どもは私!

これはママよ!

家に来て! ママがいるから

哈尼族のコスプレをさせてもらった私

偶然が多すぎると当然のように思えてくる

少女には年の離れた弟が—

と思ったら

あ! 林靜の連れてきた日本人! 一緒にお餅丸めたわよね。林靜とは会った?

あ! こっちの少女がおかあさんか!

35歳でおばあさんに

17歳でおかあさんに

ちゅぱ

—少数民族の人生早い—

一家の家は3世帯住む大きいコンクリの地上3階地下1階建て！

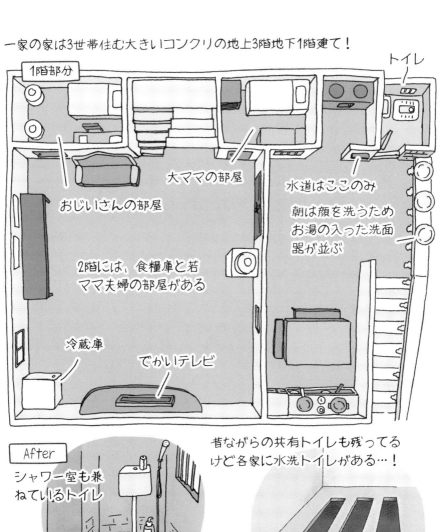

トイレ

1階部分

おじいさんの部屋

大ママの部屋

水道はここのみ

朝は顔を洗うため
お湯の入った洗面
器が並ぶ

2階には、食糧庫と若
ママ夫婦の部屋がある

冷蔵庫

でかいテレビ

After

シャワー室も兼
ねているトイレ

昔ながらの共有トイレも残ってる
けど各家に水洗トイレがある…！

Before

鏡のかけら

学校の寮生活で留守の息
子さんたちの部屋に泊め
てもらうことに

私は15年前ここの家族の写真を特にたくさん撮っていたようだ。おじいさんの全く変わらない服装と竹パイプを見て思い出した。新品だった竹パイプが古びていることだけが15年の歳月を感じる。

美白加工のデコ遺影

おばあさんの遺影と持ってきた写真と見比べる

Before

ホラ！
これ見て！

私が持ってきた写真と同じ写真が出てきた！

After

私は昔写真を送っていたんだ…当時林静が働いていた嘎娘村に届いて—そして林静の里帰りしたタイミングでこの村に運ばれたんだ…！

in 2003 夕沙村

昨日、林静は初めて写真受け取ったみたいな顔していたけど…まぁ15年も前だしな！私は送ったことすら忘れていた…

186

その後若ママに案内され、村人に写真を配り歩く

彼女は林靜の叔母さんよ

まぁー、昔林靜が連れてきた！

あ！ この写真とあごのホクロは同じだ！

あなたが泊まった小屋があったとこよ。そこの前で一緒に餅を丸めたの

Before

土とレンガ製

え？ 土台の位置から違う！

ぴかぴか

今はどこもコンクリ2階建て以上…

After

みんなが踊っていた広場には一

Before

After

立派な屋根が付いていた。あのミラーボールはどこへ…

187

村を回って帰ってきたら、昨日の運転手さんいるし

ふつうに交じってる

若ママの旦那さん

なんでっ

どのタイミングでっ!?

どういう連絡網がっ!?

相変わらず関係性が謎な人たちが食卓に交じります。

今日のご飯は辛い鍋

キッチンで震えていた鶏は連れ去られ、チキンになって帰ってきた。

鍋の具

練り物

ウィンナー

はるさめ

野菜

ゆば

Before

After

明日はどこに行くんだ？

新街に行きます

ＯＫ、明日10時に迎えに行く

まさかのピックアップ付きに。

食後大ママがおしゃれをしていた

踊りに行きましょう！
足を洗うのはその後よ

シャルウィダンス

お風呂は頻繁に入らないけど、毎日寝る前に足を洗うのである

Shall we dance? って
はじめて言われた！
（翻訳アプリだけど）

そして大ママに連れて行かれた先は—

ガラッ

プレハブ集会所

ディスコだった

ミラーボールは電飾に。キラキラが好きなのね

Before

踊りのバリエーション増えてる！

やはり盛り上がるのは哈尼族オリジナルダンス

ボックス

ソシアル

あっ

ばっ

←やる気ないけど一応踊れる若ママ

ナンバー2の大ママはやる気まんまん→

毎日2時間踊ってるんだって。子どもといえど男子禁制なのかな。入ってこない

←リーダーのスレンダー美女は大ママとペアを組む。

という夕沙村の夜—

189

次の日　新街鎮へー
バンにはすでにぎっしりと学校の寮生活に戻る子どもたちが詰まっていた。

目を凝らして運転

新街だよな

うん

霧で数メートル先は見えない。途中落ちてる車見たし怖いけど、子どもたちは慣れたもん

子どもたちは南沙鎮で降り
私は乗り換え

国境の河口（フーコウ）からベトナムに行く予定だけど、新街鎮も居心地のいい街なので、そこで一休みするつもり

新街まで乗せて行ってあげてくれ

元阳 河口

荷物持ってくれてる →

へー河口行きのバスも新街鎮通るんだー

本当にありがとう！3日前にここで会ったときにはこんなにお世話になるとはー

というか15年前の子どもに村まで連れて行ってもらうとは…

たぷん

とぷん

今回は、パズルがはまるみたいにうまくいった旅だったな…

樽から顔をのぞかせた魚とときどき目が合う。

あれ、新街まで1時間くらいの距離だったはずだけど

ぱっ

191

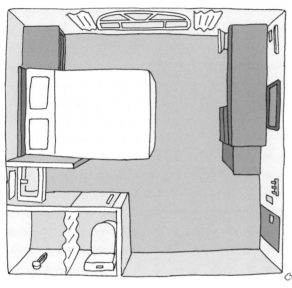

河口和仓精品酒店 ✉ 人民路金色水岸1幢2-8号

おしゃれで清潔。
おすすめ。138元。

3日ぶりのシャワー！

きれいな洗面台がっ！
ベトナム入る前に全部
洗お。

という優雅なホテルライフ

なんかもう旅が終わった感が。
これからベトナムを回ろうって思っていたけど、
今回の旅が素晴らしすぎてーこれ以上、ほかの
ところに行ったらこの旅が薄まりそうでー

西江の周奇と嘎娘の先生の
写真は渡せなかったけどー

写真を送ろう。
手紙と一緒に15年ぶりに

フロントでもら
ってきた便箋

特別対談・少数民族いまむかし

少数民族をめぐる旅へのきっかけになったモミー君との出会いは18年前。当時20歳だったモミー君はすでに相当な少数民族マニアだったので、私は中国へ旅をはじめる前にいろいろアドバイスを頂きました。そのモミー君をお招きして対談です。

なをこ：ひさしぶり！ 最後に会ったのは、7年前に上海で上海ガニ食べさせてもらったとき以来だね。だいたい5〜7年に一度くらい会ってるよね。

モミー：当時の職場では上海ガニの季節になると『カニ券』がもらえたからね。つまり秋かな。

なをこ：あのころは中国の少数民族を中断していた時期だったけど春秋航空に乗りたいがために上海に行ったんだよね。

モミー：そんな理由だったの…。

なをこ：ところで、昔モミー君から『宿は基本村人の家に泊まり歩く』、『バスに乗って気に入った村が見えれば降りて行くとよい。バスは次の日同じ所を通るので捕まえられる』、『マーケットに出てきた村人を捕まえて、あなたの村に行きたいといえば連れて行ってくれる』など、聞いたときはマジかって思ったけど実際行ってみたらそれが一番やりやすかった。今回行ってそういう隙はなくなったなぁと思った。

モミー：懐かしいね！ 今はどこも観光化が進み、宿も十分あるからね。そういったかかわり方は難しいかもしれないね。

なをこ：いい時代に行ったのかも。あと、モミー君が言っていた『バスから村を見つける』というのが今だによくわ

巴沙村のプリーツ作業。美は一日にしてならず

からない。村って道路から見えなくない？ ラオスのムアンシンではトラックを
ヒッチハイクして、『ここだ！』って降りると道路の脇にけもの道があって。
何もないでしょって思いながら、坂道を30分くらい上ると少数民族の村が現れ
たり。どうやって見つけてたの？

モミー：村は大体山の麓にあるので、山の上の方を見ていると焼き畑の跡とか
見て大体わかるよ。けもの道のような小道があって、慣れてくるとどこから上
ればよいか自然とわかるようになるよ。

なをこ：そこを見てたのか！ それは結構な動体視力と経験が必要になるね…。
ところでモミー君が少数民族に目覚めたのはいつ頃？

モミー：高校時代に少数民族について書かれた本を読んで存在を知って、大学
に入ったらすぐにガイドブック持って中国に行ったんだよね。でもこんなもん
かーって思ったけど、『いいや、そんなはずはない』って、ガイドブックを捨
てて地図だけ持って行くようになってからどっぷりはまった。大学2年の時に
はすでに地図に載っている雲南省と貴州省の村はすべて行きつくして、代わり
に留年してしまった…。

なをこ：ちなみにどこの村が一番好き？

モミー：貴州省だと昔の黔東南苗族自治州の、从江 の巴沙村かな。1999年に行
ったけど、今はどうなってることか…。

なをこ：私は巴沙村にはモミー君におすすめされて2003年に行ったけど、全体
的にバランスが美し
かった。赤い土の上
に立つ木造の小さい
家々も、照りがある
藍染めの衣装も。プ
リーツをつけるため
にスカートを籠に丁
寧に巻きつけている
姿や、髪の毛を器用
に結い上げるしぐさ
とかエレガントだっ
た。でもすでに2005

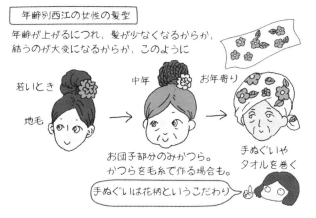

年齢別西江の女性の髪型

年齢が上がるにつれ、髪が少なくなるからか、
結うのが大変になるからか、このように

若いとき　地毛　　中年　　　お年寄り

お団子部分のみかつら。
かつらを毛糸で作る場合も。

手ぬぐいや
タオルを巻く

手ぬぐいは花柄というこだわり

年に再訪したときは入場料を取っていてショーをやるようになっていたよ。

モミー：彼らは銃を持つことを許可されている狩猟民族で、ショーにその銃が使われるとは皮肉だね。昔も今も銃で食えているわけだから結局一緒かも。

なをこ：あと、西江も2003年に行った時と、2005年では中国人観光客の数がずいぶん増えてたな。

モミー：西江は比較的アクセスしやすい場所にあるから、貴州東部の中では観光地化は早かったのかもね。

なをこ：元陽は西江ほど変わってはなかったな。昆明からアクセスの仕方はバスしかないので、時間も昔と変わらないし。もちろん村の家とかは土壁からコンクリ建てになったりしてるんだけど、魚の入った樽や米袋とバスで移動とか、懐かしの中国式トイレとか昔のままのところもあった。今回香港から入って深圳に入ったらあまりの未来都市ぶりに驚いた。サラリーマンはセグウェイに乗ってるし、街は電動自転車ばかり。空きダンボールを運ぶ自転車さえも電動。昆明までは、割とそんな感じだったけど、元陽に来て中国でもまだ端っこのところは昔ながらのところもあるんだなって思った。

モミー：今元陽に空港を建築中だから、今後はもっと変わると思う。そういう意味でも今回行けてよかったね。ずいぶん小さそうな村だし地図にも載ってないし運転手の彼とたまたま会えたのは、本当にラッキーだったね。

なをこ：うん。新街鎮の宿や、バス乗り場で村の写真見せたけど、誰も知らないって言われて。新街鎮、哈播間を走るバンは6台あって彼以外の運転手はみんな哈播の人で、古い写真を見せてわかるのは彼だけだったみたい。偶然が重なってたどり着けた。まー、でも哈播に先に行っていれば案外簡単に行けただろうけどね(笑)。あの時点ではそこまで哈播と近いことは、わからなかったけど。今回行かなかったら一生、

哈尼做东！

196

多沙村と夏娘村を間違っていたかも。

モミー：今やみんなスマホだけど、昔の写真はあまりないだろうし喜んだろうね。哈播のおじいさんが亡くなっていたのは残念だったけど…。

なをこ：ちょうど私が出発した日に亡くなったんだよね。もう少し早く行けばよかったなと思った。少数民族の人生早いって思った。人生のサイクル早いよね。

モミー：歩いていて少数民族の少女と行先が一緒になって木の下で雨宿りしてる間話しているだけで、『結婚したいです、両親に会ってください』って言われたこともあった。そもそも彼らは歌垣（若い男女が集会し相互に掛合歌を歌う）とかで結婚決めたりする習慣があるから、展開が早いのかも。

なをこ：そういえば、哈尼族のみんなにご飯食べる？　ってよく聞かれたけど、あれは本気で受け取っていいのかな？

モミー：哈尼族っていうか、中国では「你吃饭了吗？」は挨拶と本気で食べていけ、って両方の意味も兼ねている。なんていうか習慣だね。昔はみんな貧しかったから、ご飯食べたかどうか確認していたっていう名残もあるかもね。

なをこ：なるほど、モミー君ご飯食べた？

モミー：还没吃，你呢（まだ食べてません、あなたは？）

なをこ：食べてない、じゃ食べにいこっか！

旅の費用

飛行機代
成田→香港(バニラエア) 17120円
ハノイ→羽田(マイレージ使用) 4404円

香港の総額　4728円
中国の総額　37358円
ベトナムの総額　2752円

合計66362円

結構買い物してます

亀のお菓子型
45000ドン

ハノイ

雲南大学グッズ

賢くなりそうな
マグカップ 39元

折り畳み傘 68元

マグボトル 50元

オーダーメイド
似顔絵はんこ 4ドル

ベルホヤンスクで成田に行こうとして羽田に行っちゃったわけだがー

名誉のために言おう！

私は行く空港を勘違いしていたわけでは無い！！

なをこ家 → 乗り換え駅　ばくろよこやま　馬喰横山駅 → 成田 / → 羽田

単に電車を乗り間違えただけである！

しかし台湾行きって鬼門で…
ベルホヤンスクへは台北経由で行ったのよ

なをこOL時代ー

台湾の高雄への出発2日前ー

あっ

マイレージだよ
12月30日
高雄→成田
1月25日
成田→高雄

やべえっ！
出発便が帰国便の1ヵ月後になってる…！

成田発12月25日を取るつもりが1月25日になってる！
これだとマイナス1ヵ月25日！時空を超えるってか？

同僚N君

ったくー確認しないからですよぉー

ちゃんと確認した！でも間違う！
数字に弱いからしょうがない！

198

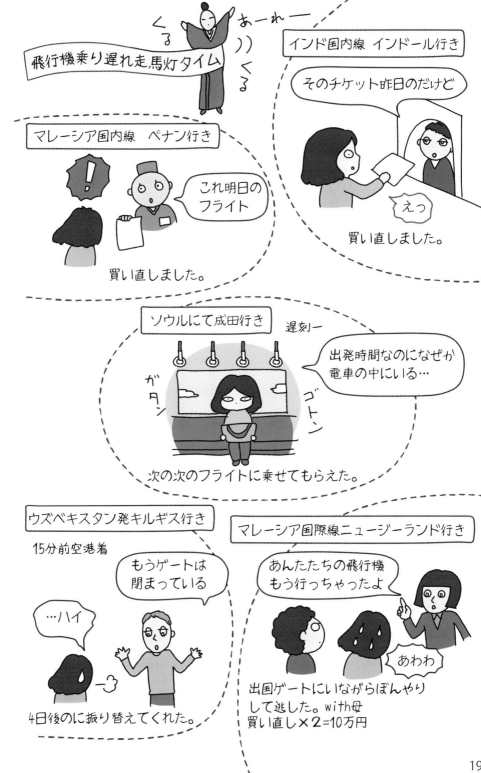

チュニジア国際線 日本行き
××航空めっっっ

電話で変更したはずが通っていなくー

お前のチケット1週間前ので無効

チュニジアに国際線がなく日本片道最安で
45万円って…（めっちゃ時間かかる経由便）

泣き落としも通じず無効
どうやって帰ってきたは別のお話でー

走馬灯が終わらないっ！

大丈夫ですか
あたま…

それ以来、チケットを取るときは誰かに確認してもらうという対策を取りー

それ以降は私は　間違っていない！

ベルホヤンスクの時も日にちや時間、間違
ってない！ 単に電車の乗り間違いだから！

同じじゃ…

200

おまけ③ パーソナルスペースいろいろ

フランスはパーソナルスペース多め

ペルドン

触れそうになっただけでペルドン（肝心な時には謝らないのだが…）

帰りベトナムに寄って帰る

ハノイのバスの中

1席に2人座るなんて仲いい親子だな〜

スッ…

えっ他人なのー!!

ベトナムーパーソナルスペースなしー

モロッコ・シャウエンへのバスの中、隣のバックパッカー女子がタオルを干しだした ─

タオルが乾かなくってー

隙あらば洗濯物を干そうとするその根性…

もしかして旅の工夫持ってる?

やっぱり洗濯物が乾かなくってコートの裏に干したことがあるわー

バサ

バサ

安全ピンでパンツ干す

ええっ

旅人はいろんなアイデアを持っているのだ ─
そうして私の旅の工夫をめぐる旅がはじまった ─

私もまず宿についてやることは ─

キィ…

どこに洗濯物干せるか確認っ

Point

Point

Point

Point

Point

外に干せれば一番良いが ─

in 昆明のユースホステル

わー共用ベランダがあるぅー

おろしたてのユニクロパンツすぐ乾くので旅行にGood

203

靴底にいざというときのお金を隠したりもー

もしお金取られてもなんとかなるように

いや〜長旅でそれやったらさ…

$100

いよいよお金足りなくなって伝家の宝刀（100ドル）だしたらー

シンガポール在住Jさん

うわぁぁぁぁぁ

ベンジャミン・フランクリンいねぇっ…！

100

旅してる間に擦れて顔なしにー

どこの両替所も替えてくれなくて困った…

伝家の宝刀めっちゃ錆びてる!!

私が一番力をいれてるのは荷物軽量化で。
家にあった古いガイドブックを ー

でかい国だと重いし、LCCだと荷物制限あるから軽くしたく

ザクー

北インド、南インド分割 ♡

インドのある気分

ん？

インド

図書館の方を殺（や）ってしまったぁー!!

だって同じタイトルだし

私のは無事

インドのある気分

川崎区図書館

新しい情報のみコピーするため最新版を図書館から借りてきていた

インドのある気分

川崎区図書館

もちろん弁償ー

あなたの工夫も教えてください

おわりに　なんで旅するんだろ

チリのサンチアゴから、ボリビア国境のサンペドロ・デ・アタカマまで5センチ…

バスだと26時間ー

思ってたより地球って狭いんだなぁー　とか

インドのバスん中

バニ
水飲むか

いらない

※インド飲み。
口付けないので、細菌が繁殖しないらしい

ダンネバード
ありがとう

いーや

暑い国での助け合い

お前のじゃないんか

私の知ってることや価値観って絶対的なもんじゃないんだなぁ…
とか思いたい。

旅してるときは旅が現実で、日常が非日常になる。
そんな旅と日常が入れ替わる瞬間も好きー

インド・プシュカル

超寒い。
穴開いてるし。

ぬくぬくJAPAN

日常に現実逃避する非日常
という複雑な構図

インド・マンダワ

バナナ食べながら観光ナウ　3本10ルピー

えーとゴミ箱は…

あれ、あれ

don key

？

むしゃ
むしゃ

バナナの皮がきゅうりになったりー

わらしべっていうか
バナしべ長者だな！

予想外のことをたくさん集めたい。
そして自分がまだまだ価値観の狭い人間だと知りたい。

次はどこへ行こうかな。

校正　　平入福恵

完全版　世界で一番寒い街に行ってきた
ベルホヤンスク旅行記

2020年2月18日　第1刷発行

著　者　まえだなをこ
発行者　渡瀬昌彦
発行所　株式会社　講談社
　　　　〒112-8001　東京都文京区音羽2-12-21
　　　　販売　TEL03-5395-3606
　　　　業務　TEL03-5395-3615
編　集　株式会社　講談社エディトリアル
代　表　堺　公江
　　　　〒112-0013　東京都文京区音羽1-17-18　護国寺SIAビル6F
　　　　編集部　TEL03-5319-2171
印刷所　半七写真印刷工業株式会社
製本所　株式会社国宝社

© Nawoko Maeda 2020 Printed in Japan
ISBN978-4-06-518669-5